把下属培养成你

提升团队执行力的学问

曾 颖◎著

金城出版社
GOLD WALL PRESS

图书在版编目（CIP）数据

把下属培养成你：提升团队执行力的学问 / 曾颖著.
—北京：金城出版社，2018.3
ISBN 978-7-5155-1650-9

Ⅰ. ①把… Ⅱ. ①曾… Ⅲ. ①企业管理－组织管理学
Ⅳ. ①F272.9

中国版本图书馆CIP数据核字（2018）第017120号

把下属培养成你：提升团队执行力的学问

作　　者　曾　颖
责任编辑　李轶武
文字编辑　李明辉
开　　本　710 毫米 ×1000 毫米　1/16
印　　张　16.5
字　　数　200 千字
版　　次　2018 年 3 月第 1 版
印　　次　2018 年 9 月第 2 次印刷
印　　刷　三河市百盛印装有限公司
书　　号　ISBN 978-7-5155-1650-9
定　　价　58.00 元

出版发行　**金城出版社**　北京市朝阳区利泽东二路 3 号　邮编：100102
发 行 部　(010)84254364
编 辑 部　(010)64391966
总 编 室　(010)64228516
网　　址　http：//www.jccb.com.cn
电子邮箱　jinchengchuban@163.com
法律顾问　北京市安理律师事务所　18911105819

前言

FOREWORD

比尔·盖茨曾经说过：“优秀的管理者从来不会给我留下忙碌的印象。”彼得·德鲁克也曾说过类似的话：管理者想要对组织有所贡献，关键在于不要被无效工作所困。

现实中许多管理者投入大量的时间与精力，从事的可能是管理上的低效工作甚至无效工作。比如，一位公司的管理者花费很多时间查找资料、填制表格，甚至修改一份材料的逻辑和错别字……

这些工作本身并不是低效或无效的，当它变成管理者的工作时，就会成为低效甚至无效的工作，无益于提升管理水平和运营绩效。

正如彼得·德鲁克说过的另一句话：或许他本身具有出色的才干，但实际却是在浪费自己的知识、能力、时间与手中的职权，将原本可能达成的、对组织与个人更有意义的有效工作撇开了。

这些管理者们是否知道他们做的是低效与无效的工作呢？

在我的咨询和培训经历中，大部分管理者都明白自己应该做重要的事，他们却苦于缺乏得力的下属，只能“身体力行”。如果不亲自做，极有可能导致一连串的蝴蝶效应：

——资料未寻找恰当，便极有可能使团队无法在竞标、招商过程中展示全面优势。

——表格出现纰漏，整个组织的工作都会受到影响。

——低重要等级的客户不断流失，也会使组织面临不小危机。

……

如何解决这些问题？关键在于培养出得力的下属！对管理者来说，要提升管理效率，关键就在于，个人是否能够培养出与自己在工作态度、工作思维、工作方法乃至价值观上保持一致的下属。

我一直坚持一个观点：只有将下属培养成你，你才有可能实现管理上的飞跃与晋级。这也正是被称为管理团队的“传、帮、带”问题。这个问题，很能考验管理者的智慧。

马云先生便曾多次在阿里巴巴内部谈起“借假修真”：他所谓的“假”即结果导向、过程指标这些可量化的东西，“真”则是人才与组织的全面发展与提升。在他看来，假是手段，是培养与复制的方法，目的是通过管理者的有效指导，使员工在学习管理者已有经验的同时，修炼成属于自己的真本事。

这种管理思维在经过了不同的运用与创新后，早已深受关注与认可。滴滴出行的天使投资人王刚，在谈及领导力模型时便指出，企业发展有多个阶段，领导力的关键也往往随之变化。但有一条永恒不变，那就是最核心的法则——把下属培养成你。

不管是马云，还是王刚，他们所谈及的，正是所有管理者们一直渴望实现的管理境界：在每一次委托工作、每一次交付任务时，你都能够拿自己当镜子，从下属身上、工作中照出自己的某种特质。

打鸡血的激励式管理，无法作为一个企业的管理根基。相比之下，如何唤醒管理者的带人意识，进而通过复制管理者的优秀个体经验，帮助下属实现成长，才是决定管理者能否带领团队走得更高、看得更远的关键。

爱默生有言："方法可能有百万，但管用的根本只有几个。掌握了根本的人可以成功地选择自己的方法，而忽视根本，只顾去尝试各种方法的人注定会遇到麻烦。"如果你追求的是在提升管理效率的同时，让团队进步、组织壮大，那么，关注并学习《把下属培养成你》，最终将引领你通往高效管理的坦途上。

目录

CONTENTS

定位：你是下属仿效的典范

了解自己从来不是一件简单的事，对管理者而言，这件事的难度又有所增大：若你期望将下属培养成另一个自己，你就必须更透彻地知道自己与团队的优势和劣势。只有了解了这些，你才知道在管理过程中要规避什么、压抑什么、放大哪些行为，进而将自己打造成可供下属复制与学习的典型人物。

选用：我的团队我的团

想做好管理，你得知道自己要什么：如果你要的是团队效率提升，那么，你必须明确团队内的人才匹配要呈现出怎样的状态，你与下属才能在各司其职的基础上使得聚合优势最大化。

气场：下属为什么要追随你

想将下属培养成你，你就必须思考这样一个问题：下属凭什么追随你？管理者若想让自己的职责与权限发挥最大作用，使自己在培养下属时拥有足够的影响力，就必须从专业、管理、个人魅力等方面入手，塑造出独属自己的气场影响力，从而为下属树立起一种看得到、可模仿的标杆。

指令：克隆你的高效执行力

培养下属，你就必须让下属知道，你想让他去哪里、达到什么样的目标，这便涉及“下达指令”的学问。指令是让下属按着你期望的方向完成工作或继续某一行为的关键，很多管理者之所以无法培养出自己期望的下属，受困于团队执行力低下，就是因为没有做好这一步。

评价：引导下属成为另一个你

美国管理学家彼得·德鲁克曾提出：“正确的评价可以让你的队伍知道你要的是什么。”这便涉及“评价”的技巧：你认可的优秀下属什么样？你认可的行为有哪些？围绕你认可的一切进行有理有据的评价，将你不认可的引导向你赞赏的方向，你的下属便有更多机会变成你。

复盘：把你的经验转化为下属的能力

“传递经验”是管理者的重要职责。只有将团队与自己的经验复盘，并进一步演变成可在团队内推广、实践的经验，你才能让下属透过平凡的日常工作，汲取迅速成长所需的营养，进而变身成为你期望的人才。

精进：如何成为更优秀的自己

当你不断地引导下属并将之培养成另一个自己以后，你便从日常工作琐事中脱离了出来，得到了精力与时间上的解放。如何将这些得之不易的宝贵资源用在自我精进上？很显然，关注自我精进、让自己不断向上发展是最主要的方向。

1

CHAPTER

定位：你是下属仿效的典范

了解自己从来不是一件简单的事，对管理者而言，这件事的难度又有所增大：若你期望将下属培养成另一个自己，你就必须更透彻地知道自己与团队的优势和劣势。只有了解了这些，你才知道在管理过程中要规避什么、压抑什么、放大哪些行为，进而将自己打造成可供下属复制与学习的典型人物。

1. 人才为什么和你对着干

在下属眼中，你是正义的主持者还是邪恶的化身？我们每个人的人格都有黑暗的一面，即使看不到或者不想看，这黑暗面依然存在，而这些黑暗面特质很可能是导致管理者失败的一项关键因素。

在这些黑暗面特质中，管理者首先需要警惕的是让自己带着控制、占有与权力导向的思维来面对自己的工作。这种特质非但不会有益于你在下属心目中的形象，反而会让对方与你对着干。

美国管理者卡莉·菲奥莉娜在管理上一贯采取强硬的路线，且由来已久。凭借着强势的管理个性，卡莉力排众议，以积极举措使原本陷入经营困境的朗讯公司扭亏为盈，而她因此成为当时全球范围内少有的女性商界领导者。由于一系列的成就，惠普董事会向她伸来了橄榄枝，聘请她成为新一任 CEO。

不过，令卡莉意外的是，在惠普，她的强硬管理手段却执行得并不顺利。究其原因，在于惠普是科技企业，秉持的是人才自由发展的策略。在一次企业合并项目中，卡莉与当时惠普创始人的儿子休利特正式站到了对立面上，休利特主张惠普的一贯发展风格，但卡莉却认为，传统时代已经过去，现在，是时候引入新举措了。

在这一次的争斗中，休利特暂时落败了，但卡莉的过度强硬却令原本支持她的董事会意识到，这个个性强硬的女管理者或许并非惠普的最佳掌门人。

此时，卡莉也意识到了来自于大股东的暗中不满，不过，她首先想到的并非改变自我个性，而是如何对反对者迎头痛击。这种反击源自于她的固有认知。在她看来，硅谷是男人的世界，而自己想要在此处获得一席之地，站在金字塔的顶端，就必须比男人更坚强、更好斗。可惜的是，她的斗争欲望越强，她在惠普收获的便越是不服：从本质上来说，惠普是一家技术型公司，在这样的公司中，若强调权谋超过了正当的智慧，让自身的意志凌驾于其他人之上，那么自然无法收获好的结果。

卡莉最终在惠普内举步维艰：她的命令总是受到暗中的抵抗。得不到人才支持的她最终无法创造出出色的财务业绩，而后者恰恰是惠普董事会对她的强势与权谋抱以默认态度的关键。2005 年年初，统治惠普 6 年之久的卡莉被迫辞职，董事会宁愿因此付出 4200 万美元的遣散费，也不愿让这位“女王”性格的人再在公司里待下去：他们已忍受不了因此而带来的人才流失与业绩下降。

电影《辛德勒的名单》有这样一句台词：“如果你真的有权力，也是因为你能宽容谁，而不是能够惩罚谁。”这句话应被每一个管理者谨记于脑海里：权力本身的作用就在于引而不发，而不在于它的实际使用。

警惕：个性中的黑暗面会随权力暴露

斯坦福大学组织行为学教授罗德里克·克雷默对此现象评价称："这是一种'天才变傻综合征'……一个工作勤奋、处事精明的人在得到迅速升迁以后，出现了大量令人瞠目结舌的鲁莽行为或失误判断。"

他直言，管理者身上的黑暗面特质会随着个人权力的增强而变大：在事业初期，每一个管理者都会尽力表现出自己身上亲和、善于妥协与沟通的一面，随着事业逐渐成功，为了攀登权力的新高峰，他们开始变得独断专行，并让自己个性中的黑暗面不断暴露。

因权力而膨胀的个性黑暗面
•傲慢自大 •过度使用权力 •野心膨胀 •过度信任自己的判断力 •不再谨慎从事 •不再重视团队协作

"我个人决定了团队。""我个人就是组织。"这是权力妄想的一个典型代表。可是，管理者必须警惕这种思想倾向：的确出现过样样精通的管理者，但在今日社会下，这样的管理者已不太可能出现，在很多领域，团队发展需要真正的专家与群策群力，而不是靠管理者自己的经验与想象。

六个问题帮助你矫正管理方向

如何理解与控制黑暗面特质是一个管理者是否能够真正成为下属心目

中典范的关键。虽然眼下并没有一套通用的早期预警信号，但克雷默教授认为，管理者可以定期向自己提出一些有用的问题，帮助自己及时矫正这种可怕的、失去人心的危险。

① 是否把注意力放在如何团结下属而非控制下属上？

很多管理者之所以会失去人心，多是因为他们不愿再认可这一事实：他们是靠着团队的一起努力才获得眼下的职位的。在他们看来，自己才是晋升的关键因素。一旦“自己决定一切”的想法占据脑海中的主流，那么，他们在接下来的管理过程中势必会忘记运用团队的智慧，甚至会将那些表现杰出的下属视为敌手，而不是将他们视为团队宝贵的财富。

② 是否过多地掩盖问题而非解决问题？

一个表现出过度权力欲望的管理者总是会掩盖问题：他们害怕问题会影响自己在决策层心目中的形象。他们会推诿责任，而不是积极地解决问题，这也是导致下属不再信任他们的关键。

③ 如何应对团队内令人愤怒的反对声？

总有少数的人——他们多半是出色的人才——可以机敏地察觉到团队甚至是组织内未显现出来的问题。在某些情况下，他们会鼓起勇气，试图提醒组织的管理者，他们在某一方面面临着危险。如果面对这种好心的建议，管理者流露出来的并非认可与赞赏，而是愤怒的话，他们便会闭口不言，毕竟，在“组织不是自己的”这一前提下，明哲保身才是最重要的。

对于管理者来说，无法面对反对声所导致的是，他们失去了愿意提出建议的好部属，得到了不愿指明危机的应声虫。如果你不希望自己的组织内充满此类应声虫的话，你就必须要更好地思考一下：怎样面对那些提出了反对意见的人？

④ 有敢于直谏的下属吗？

比尔·虽然拥有极强的决断力与管理能力，但史蒂夫·鲍尔默的存在对他依然意义重大：有了鲍尔默，比尔·盖茨才有人与之讨论各类构想，才有能够验证的现实人选，更重要的是，如果这些构想不恰当的话，只有鲍尔默才敢告诉他："这个创意行不通。"

你有像鲍尔默这样的员工吗？如果你的管理生活中没有这样一位员工的话，你有必要警惕起来：你是否因为无法接受他人提出意见，而导致了人才选择疏远你？

⑤ 是否变得狂妄自大？

你有必要问问自己："我在晋升为管理者后，我的行为是否有所改变？"你是否已经变得如此自大，以至于你认识的每一个人几乎都在你面前诚惶诚恐，或者对你的每一个古怪念头和要求言听计从？你是否有时做错了事，但从没有对此怀疑过？

诚实回答这些问题。

若你的回答是肯定的，那么，你已处于妄自尊大的危险边缘。

⑥ 是否过度追求自我利益？

职位所带来的不仅仅是权力，伴随着能够对他人的职业生涯进行左右的话语权，管理者往往会在这种话语权之中变得高傲、自负与自私起来。他们在享受了职位带来的便利与下属的认可后，往往会希望获得更多的权力与认可。一旦发现有威胁到个人声望与权力的所在，比如，一位因能力杰出而有可能取而代之的员工，他们便极有可能通过各种手段压制对方，以达到捍卫个人利益的目的。

如果你不清楚自己是否陷入这样的自私之中，那么，你可以问自己这样一个问题："有哪些员工在我的帮助之下，获得了成长？"若你的答案是否定的，那么，你就需要面对自己已变成自私的管理者这一事实了。

当你在权力的刺激之下让自己变得不再信任团队时，你其实正在丧失你的权力。管理者必须完全摆脱幻想：你不可能完全控制，更不可能事事插手。当你不再依靠手中的权力这样做时，你会发现，不试图完全控制反而可以让你获得更多权力。

2. 卓有成效的管理者会先管理人格

从管控细节到规划大方向，如今，管理者需要面临的挑战日渐复杂，有时候，他们所率领的团队绩效不佳也会成为困扰他们的大问题。可绩效不佳不能全怪罪于团队成员身上，事实上，问题更多地出现在管理者身上：他们未意识到不同下属之间存在的巨大差异，更不知道如何才能更好地协调团队内出现的问题，因此，很多真知灼见被忽视或错过，从而导致团队绩效受到影响。

为帮助管理者查漏补缺，著名的咨询公司德勤公司研发了“商业性格区别”系统，他们将员工分为四种职场人格，而每个人都由这四种人格组成，只不过多数人的行为与思想可能符合其中一两种人格。

理论上，不管管理者本人属于哪种职场人格类型，只要他能够让这四类人在工作过程中通力合作，那么他们的管理便会卓有成效。不过，这种成功需要建立在管理者能够辨别并懂得如何激励每一种人格特质上。

在我们运用该方法指导过的团队中，某位管理者很难使其团队成员就工作战略与实施达成一致，而且在该过程中，人与人之间的冲突不断。管理者耗费了很多的时间与精力，因为不断有人向其投诉其他成员。

在该团队中，不同人格表现不适的规律与他们的个性特征非常契合：

开拓者	守护者
注重可能性，激发能量与想象力 愿意冒险，相信直觉 着眼大局，大胆创意	注重稳定，带来秩序与严谨 务实，面对风险会犹豫 重视事实、数据与细节
推动者	**整合者**
注重挑战，产生动力 重视结果与成功 以逻辑与数据直击问题要害	注重联系，让团队凝聚 重视团队关系与责任 交际能力强，专注如何达成一致

职场人格

- ☞ 守护者感觉自己的意见不被尊重。
- ☞ 开拓者认为自己的创新被顽固不化、墨守成规地压制。
- ☞ 推动者由于团队举棋不定而沮丧。
- ☞ 整合者则被翻白眼一类的不敬行为所困扰。

我们促进该团队改善的重点在于，推动各类型人格的下属在管理者的带领下意识到团队优势的重要性。在管理者的引导下，他们开始意识到其他人的职场人格，而发散思维、头脑风暴等方法的纳入也使他们意识到其他人的优势所在。

在经过“商业性格区别”系统的指导以后，该团队的共同使命感将变得更强，整体实现目标的能力也将大大提高。

如果你想成为下属追随与仿效的对象，你就有必要表现出你具有这样的能力：你能够引导他们向着积极的方向进发，且能够让团队的大部分人都适得其所。这就意味着你必须根据“商业性格区别”系统来确定团队各成员的主要职场人格，并开始考虑差异组合带来的利与弊。

在管理这些职场人格时，你可以借鉴我们积累下来的三种方法。

拉近相反的职场人格

两个拥有相反风格的员工在一起工作时，多会产生矛盾。每一种职场人格都有其各自的特点，但它们也会有特点重合之处，比如，推动者比守护者更注重开放与创新，不过，两者都善于专注。

不过，相比于这一对，职场人格更多的是矛盾与相反之处，比如，守护者与开拓者、整合者与推动者便属于截然不同的人格方向。职场人格之间的碰撞与矛盾，也多出现在这种截然不同的人格之间。而协调这些矛盾，就需要管理者付出时间与精力了。

比如，在开拓者与守护者两大人格特征者合作时，往往会因为性格上的差异而冲突不断，如果管理者可以引导大家意识到对方的差异，同时让他们从合作小型项目开始，实现性格间的磨合，那么，他们便有机会相互调整，进而形成信任氛围。待双方经过磨合，形成了信任氛围后，再将合作由小及大，便可实现互补式合作。

此外，为了达到平衡自身优缺点的目的，管理者也应与那些与自我人格方向相反的下属展开积极合作，以达到聆听更多不同意见的作用。

强调整个团队的标签

试想一下：如果你带领着一支数十人的团队，其中多达三分之二的成员都是推动者个性，那么，你需要选择哪种管理方式?

为多数人着想，你可能会认为，选择一种适合推动者的方式更实际。可根据经验，更有效的做法是采取符合少数成员习惯的方式——只有关注了少数派的想法，才能真正地在团队内部发挥多样化优势。

团队内的职场人格比例失衡，最大的问题在于它会引发认知偏差，导致“瀑布效应”的产生：一旦想法、讨论与决策向着某一特定的方向流动，那么，人们便会对此提出意见，感到犹豫。

如何才能使团队中的“少数派”意见发挥作用，又不至于冒犯其他人？这就需要管理者根据不同的职场人格类型来展开引导。

☞ 如果你想让守护者分享观点，那么你需要给他们提供时间与细节，并让他们用感觉自在的方式表达，哪怕他们采用的是书面形式。不要指望他们会据理力争，他们不会那样做，而你要做的就是倾听并重视他们的想法。

☞ 在获得开拓者的意见时，你应该留出较长的讨论时间，营造出激烈的发言氛围，并让那些有条理的人敢于畅所欲言。

☞ 想从整合者那里获得意见，你需要花费精力与他们建立起真正的关系，然后再询问他们的想法，同时还要赋予他们寻求其他下属与利益相关方观点的权力，与他们讨论如何决策才能将团队利益最大化。提前做好这方面的功课，能够大大提升你与整合者的沟通效果。

☞ 想与推动者更好地交流，你需要说明目前的讨论或决定与大目标进程之间的清晰联系。为了引发他们的兴趣和参与热情，你可以加入一些竞赛元素。

密切关注人格倾向敏感内向的那批人

受瀑布效应的影响，管理者可能会失去少数派的意见，而那些本身就内向或敏感的成员则最容易被忽视。

德勤公司在调查中发现，守护者中最多的是内向敏感者，其次是整合者，而大部分管理者都是推动者与开拓者——这是一种必然的趋势：性格内向、压力最大、适应性最差的人往往会被性格外向、压力最轻、适应性最强的人领导。

在这种前提下，你需要格外注意敏感内向者的重要性。

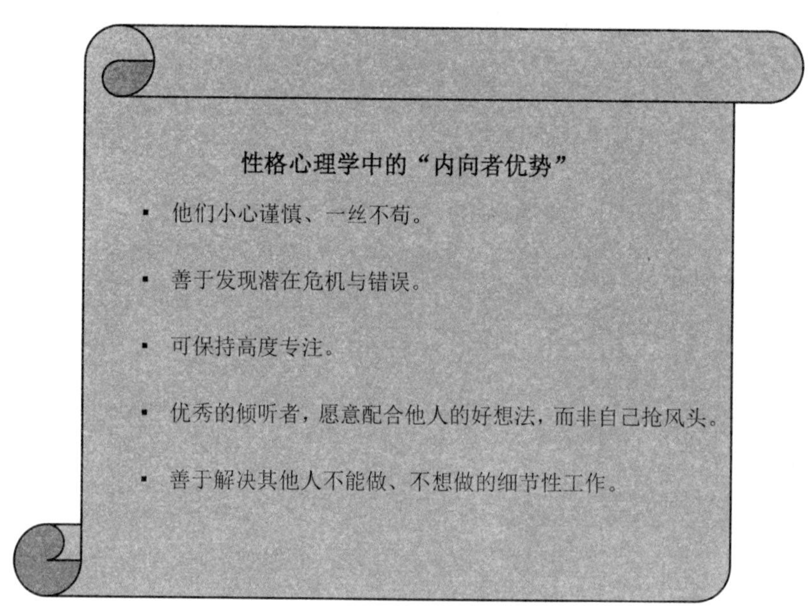

为了最大限度地发挥此类人的能力，管理者应自问：如何才能将他们的压力水平限定在可控范围内？你可能需要找到方法来减缓速度，减少超负荷信息，提供更私密、更安静的工作场所；为他们提供一些单独行动的时间也是不错的方法，这样一来，他们可以免受干扰，并在集中精力的前提下与你更好地协作。

“商业性格区别”系统的最大作用在于，它提供了一个让管理者调理出与自己达成更好配合的团队的契机。在这支团队中，所有职场人格成员都可受益，他们将感受到管理者的关注，同时也会因为得到了更多性格上的尊重而愿意与你保持行动上的一致。

3．DISC 与管理个性

个性研究早已证实，个人人格倾向与管理活动之间存在着密切的关系：它在一定程度上决定了个体适合什么样的工作，以及他们可能会取得怎样的绩效。我们甚至可以通过审视某个人的人格特征来确定其管理是否能够成功。

从人格倾向方面来说，马云的成功是一种必然。

如果你看过马云的电视节目或者现场演讲，从其临场发挥的睿智点评之中，你便得承认：这是一个有趣且思想丰富的人。马云极具娱乐精神，这与他活跃的性格密切相关，而有关阿里巴巴的有趣内部规定也透露出这一点。

据说，新员工进 入公司后，如果在试用期内没有学会倒立，则无法成为正式员工。管理层之所以这样做，是为了让员工学会逆向思维，从另一个角度看问题——这种娱乐文化未必是马云想出来的，但肯定是马云支持的。

另外，马云的性格中有坚韧的人格特质，这使才华满腹的他成功创造机遇的机会大大增加。创办阿里巴巴的灵感便得益于这种坚韧：当初，马云坚持学习英语，并获得了很多与外国人交流的机会，从而比一般人捕捉到了更多的商业机会。

作为一种工作情境下的特殊行为，管理行为会受到人格特征的影响，而具有不同人格特征的个体在同等工作情境下也会表现出不同的管理行为。如果你想知道自己在管理情境中会表现出哪种人格特性，DISC 个性分析法是不错的选择：它所呈现出的纬度与管理绩效相关，从而为管理者更好地了解自我提供了极佳的渠道。

什么是 DISC

DISC 是人的四种人格特征，这种内在的人格特征决定了个人的行为特点，包括管理上的特征。

DISC性格

D型：力量型

dominate：统治、控制、支配

determined：果断

direct：率直、直接

do：行动

I型：活泼型

influence：有影响力的

illusion：爱幻想的

imaginative：富于想象的

imitate：善于模仿的

inconstant：善变的、反复无常的

S型：和平型

steadiness：稳健的

safe：平安的、小心的、不冒险的

same：相同的、单调的

sane：明智的、稳健的

service：服务、奉献

C型：完美型

careful：精确的、缜密小心的

compliance：服从

check：检查、核对

compute：计算、估计

crab：挑剔的、爱发牢骚的

cultured：有教养的、文雅的

从四大类型的代表性词汇中我们可以看出 DISC 每一种个性的主要倾向。

值得一提的是，DISC 的四种特质就如同四种元素一般，每个人都不只拥有单纯的某一种特质，而是由两种以上的特质组成的。

分析判断，找出自己的性格优势与缺陷

与其他性格分析法相同的是，DISC 法有其特定的判断标准。依据下述细节方面的阐述，你可以区别出自己到底是哪种类型的管理者，在管理过程中有哪些行为需要发扬、哪些行为需要规避。

◆ 高支配力 D 型管理者

很多人喜欢 D 型管理者，认为拥有极高支配力的他们虽然有无礼、强横、听不进意见的一面，但与这些缺点相比，他们果断与高效的特点更吸引人。

高支配力D型管理者的行为特征	高支配力D型管理者的潜在领导力
•主动与他人握手，且很用力。 •从来不畏惧与他人对视，且表情严厉，令人望而生畏。 •总是质疑他人。 •总是用命令式口吻。 •常忘记说“请”，极少说“谢谢”，几乎不说“对不起”。 •对话中，常打断他人。 •常被人指说做事快、说话快、走路快、吃饭快。	•魄力：敢于决断，愿意面对风险。 •驱动力：善于督促下属采取行动。 •远见卓识：总是可以看到行业发展的未来。 •铁腕手段：能够在压力之下坚持自己的主张。 •胸怀大志：关注远景与未来可得到的一切。 •引导变革：愿意接受改变，乐于创新。 •快速高效：斩钉截铁的行动派。 •结果导向：不重视过程，只看重结果。 •敢于犯上：不惧怕权威。 •不屈不挠：面对挫折往往越挫越勇。

高支配力 D 型管理者的代表性人物是苹果前 CEO 史蒂夫 · 乔布斯，此类人的鲜明个性总是会激发起最强烈的反应，他们让人爱也招人恨。他们带来改变组织甚至世界的力量，如果没有他们，那么组织如同失去了发动机。

不幸的是，高支配力 D 型管理者是最有可能成为“领导者”的那类人，但由于性格中不讨喜的那一面，使得此类人往往扮演“悲剧英雄”：在危难之时受命，却可能因为得罪上下级而无法全身而退。

高支配力D型管理者的潜在硬伤

- 缺乏亲和力，难以接近。
- 情绪导火索短，坏脾气。
- 吝于赞美，乐于批评，认为“不批评即表扬”。
- 刚愎自用，不允许被怀疑、被批评。
- 不善于倾听，很难让人把话说完。
- 缺乏同理心与耐心。
- 独断专行，往往有“要么听我的，要么走人”的表示。
- 想起一出是一出。
- 工作狂，乐于自虐与虐他。

如果你发现自己恰好是高支配力 D 型管理者，那么，你可能需要去尝试着控制自己的情绪，在少发火的同时让自己表现出足够的热情与接纳度。同时，你还需要记住：你的下属或许并不像你一样拥有高度的自律能力、出色的业务能力，他们需要学习，需要你的指导，需要从你那里听到认同与意见。如果你真的想让他们成为你发展的后盾，那么，你就必须尝试着去尊重他们、倾听他们。

◆ 高影响力 I 型管理者

此类管理者往往有带动氛围的出色能力，他们所到之处往往是一片欢乐——马云便是其中的典型人物。

高影响力I型管理者的行为特征	高影响力I型管理者的潜在领导力
• 爱笑，总是毫不掩饰地大笑。 • 喜欢向人显摆自己知道的“重要资料”。 • 喜欢与人握手，见面熟。 • 健谈，特别喜欢煲电话粥。 • 认为大家说的都有道理，所以对每一个建议都表示赞同。 • 穿着时尚，或者关注时尚。 • 讲话时有肢体语言出现。 • 有人说他们“天真”。	• 有魅力，愿意支持他人。 • 有激情，有感染力，愿意表达情感。 • 乐观，永远看到阳光的一面。 • 平等、民主，善于营造沟通氛围。 • 主动授权，以使下属增长经验。 • 富有创造性，能化腐朽为神奇。 • 对职业抱有远大的愿景。 • 幽默，且善于激励人心。 • 善于社交与公关。

高影响力I型管理者如同团队的啦啦队队长，哪里有他们，哪里便一片生机。他们这种外向与积极源于相当的自信。他们自我感觉良好，且期望得到认可与喜爱，但并非每个人都会买他们的账。

高影响力I型管理者的潜在硬伤
•话太多。 •盲目乐观，过度承诺，有时候爱开空头支票。 •夸张，喜欢吹嘘，导致话中有自相矛盾之处。 •情绪化明显。 •计划性与时间管理差。 •过于妥协，不善于坚持原则。 •看人看事肤浅而表面化。 •以自我为中心。 •不关注细节。

如果对比上述内容，你发现自己更倾向于高影响力 I 型管理者的话，那么你就需要注意了：你应学会留出时间倾听别人的想法，同时，更要在许诺时再谨慎一些——停下来，想想自己是不是真的能做到。

如果想让下属更信任你，更支持你，那么你需要表现得更有原则性。在管理团队时，留意那些与绩效、员工士气相关的细节；在分配工作时，依据各类时间管理方式建立起有效的计划。下属能够看到你有条理、有原则的一面时，他们就会更愿意跟随你。

◆ 高稳定 S 型管理者

高稳定 S 型管理者给人最大的印象就是他们好像没有脾气，拥有出色的亲和力。

高稳定S型管理者的行为特征	高稳定S型管理者的潜在领导力
•握手力度轻而友好。 •总是安静而和善。 •与人对话时面带微笑，不时点头，耐心倾听。 •桌子上的东西井然有序、排列整齐。 •说话慢，行动慢。 •不轻易表态。 •有兴趣做简单、重复的工作而不厌倦。	•高亲和力，尊重每个人的个性。 •拥有极强的同理心，善于体贴下属。 •有效倾听，不加评判。 •善于坚持不懈。 •团队导向，乐于帮助下属发展与成长。 •仆人式管理者。 •包容，善于授权。 •沉着镇静，面对危机不紧张。 •善于组织协调。

按理来说，如果下属能够遇到高稳定 S 型管理者，那么他们应该感到庆幸，毕竟高稳定 S 型管理者是如此亲和与体贴。但当管理者不在时，下属控诉起高稳定 S 型管理者时也总是毫不留情，造成这一现象的原因就在于高稳定 S 型管理者也有其潜在硬伤。

高稳定S型管理者的潜在硬伤

- 优柔寡断，总是不做任何决定。
- 由于认为沟通成本高而不愿意交流。
- 被动工作，不拽不动。
- 按部就班，不思变革。
- 安于现状，不愿冒险。
- 过于委婉，下属有错也不愿指出。
- 难以说“不”，不懂得拒绝。
- 过于妥协，总是在矛盾面前当息事宁人的调和派。
- 心太软。
- 做事拖沓，效率低下。

可以说，高稳定 S 型管理者是四大类型中管理权威最低下的那类管理者：他们不知如何树立权威，并因此总是受到下属的挑衅。

如果你不想让自己因此失去下属与团队的尊重、支持，你就必须立即着手改善：主动一些，与下属展开沟通，处理团队里的问题。妥协不会为你换回权威，只会让你变成下属眼中的“窝囊蛋”。意识到这一点并尝试着直率一些，大胆地讲出自己的意见，鼓励那些下属乐于看到的改革、创新，去试错，去体会不同，在管理风格中加入坚硬与无情的调味料，你会发现，下属变得更尊重你了。

◆ 高遵从 C 型管理者

如果说高稳定 S 型管理者是高支配力 D 型管理者的天敌，那么，高遵从 C 型管理者便是高影响力 I 型管理者的相反面。高遵从 C 型管理者不乐于说话，他们只专注于执行。

高遵从C型管理者的行为特征	高遵从C型管理者的潜在领导力
•握手轻而矜持。 •办公室非常整洁有序。 •说话极有逻辑性。 •非常在意准时，一切都需要按计划来。 •不习惯与人目光交流。 •肢体语言拘谨而谦恭，易愁眉苦脸。 •爱纠正他人细小的错误。	•强调执行力，重视并提拔可完成任务的下属。 •坚持原则，严守纪律。 •精益求精，细节至上，甚至要求工作完美。 •专业而权威。 •公正，以身作则，且实事求是。 •有较强的危机意识，善于评估风险、抵御诱惑。 •系统思维强。 •有效率，且来自计划与时间管理。

高遵从C型管理者的最独特领导力在于，他拥有出色的执行力，因此，他们是上司最重视的管理者。不过，他们处处细致、事事严谨、事必躬亲的严格并不能得到下属的认可，相反，下属往往认为他们是最累且最让人累的管理者。

高遵从C型管理者的潜在硬伤
•吹毛求疵，吝啬嘉奖。 •眼界狭小，容易犯“只见树，不见林”的错误。 •教条化严重，缺乏灵活性。 •瞻前顾后，导致决策缓慢。 •事必躬亲，不愿意或难以授权。 •只讲大道理，不去寻找新方法。 •喜欢疑神疑鬼，爱钻牛角尖。 •冷漠忧郁，悲观消极，不苟言笑，对万事持怀疑态度。 •缺乏人情味。

高遵从 C 型管理者必须明白，并不是每一个下属都如你一样是技术型人才，在现实工作中，并非每一次改革与创新都会遇到危险。如果想让下属认可你，你就必须学会将自己的权力、经验与知识分享给他们，当你愿意指导他们前进，愿意为他们的成长付出、奉献，而不是总怀疑他们做不好事情、挑战你的权威时，你的权威就会伴随着下属的成长而到来。

DISC 性格分析法对管理者最大的好处就在于，它可以让管理变得更简单：现在，你能够针对该方法给出的建议去扬长避短，有针对性地做出改进远比盲目提升简单多了。

不过，并不是知道了 DISC 性格分析法就能够做好管理，你还需要知道其他影响领导力的因素。

4. 影响领导力的五大个性维度

或许你已经注意到自己身上的某些个性特质可能在身居某一领导职位时大有裨益，但换个岗位便不再适用：晋升以后的管理者有时会发现，他们需要改变多种个性特质，或者对之加以控制，否则，曾经的长处便会转眼间变成弱点。

比如，成功的管理者都擅长果断决策，这使他们规避了很多因延误时机而导致的决策错误，当这些管理者成为组织的最高管理者，这一特点就成了他们的缺点：他们变成了独断专行的代表性人物。

华特迪士尼公司的 CEO 罗伯特·艾格公开承认，他曾有意采取措施，改进自己过度的果断："总的来说，我学会了怎样保持更多的耐心，如何听取他人的意见，同时也锻炼着让自己不要以自己的反应时间来催促他人——有时候，我总是表现得过于超前，但我总得停下来等等我的下属，毕竟，我不能靠一个人管好偌大的迪士尼。"

像艾格一样的管理者并不在少数：他们必须改变原本个性中的某个方面，以适应自己在职位上的变动。

最近几十年，学术界对个性的研究主要集中在五个较大的维度上，围绕着这五大维度，有潜在的危险，更有发展的契机。对于管理者而言，若能把握其中的契机、规避其中的风险，便可在下属面前树立起更积极的形象。

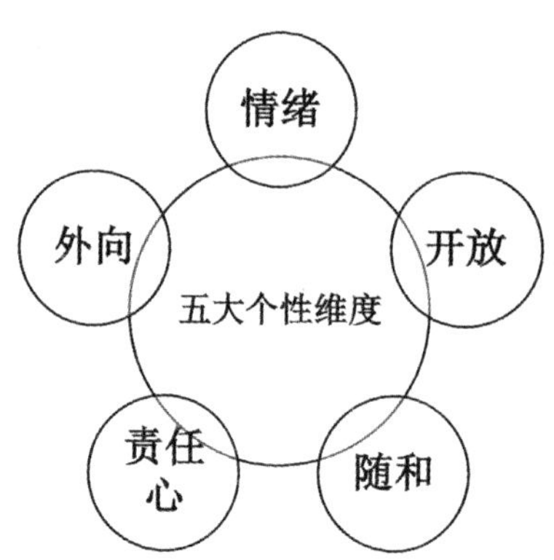

情绪维度：你能承受多少压力

对于管理者而言，稳定的情绪可以帮助个人应对挫折与压力：在下属因为面临难题而陷入恐慌时，你可以气定神闲地面对压力，则无疑可以帮助你树立起可靠的形象。这一特质有其风险所在：表现不足时，愤怒与不满等负面情绪会以看不到的方式累积，直到你把怒火一股脑地发泄到某个毫无察觉的倒霉下属身上；而表现过度时，又可能会让下属误以为你无意鼓励他们，或者缺乏面对风险的紧迫感。

为了避免过度反应，也为了让下属感受到你应有的情绪变动，你可以选择在恰当的时候将负面情绪说出来。比如，你的下属把一件重要的事情搞砸时，你可以这样表达："我因此深受打击，因为这是一项事关我们每一个人发展的计划。"

不要担心说出自我情绪的变动会让你看上去软弱，事实上，你越是这样做，下属越会感受到你的自信，同时，他们也能够更好地理解你的想法。

外向维度：你能表现得有多合群

领导力的关键在于影响他人，所以，外向、果断而精力充沛的人在这方面占据了绝大部分的优势，如马云、张朝阳等一流的管理者所表现出来的都是外向型性格，这些特征让他们塑造起了良好的领导者形象。

不过，那些精力充沛的管理者需要意识到：你可能会让那些工作节奏较慢的员工感觉到压力。另外，如果你在"外向"这一纬度上表现得太出色，则可能会让下属误以为你过分专横，不愿倾听他人的意见。

对于那些乐于控制场面的管理者来说，你现在可以采取的一种最简单的补救方法是"四句话法则"：不管你想说什么，用四句话说完，然后问："你希望我继续说下去吗？"

当然，如果你不够外向，那么你很难做好管理职位。这就需要你在行为上表现出更愿意与下属沟通的意愿，比如，与下属交流时不要太过严肃，而是以放松的表情与他们交流，或在会议上发表一些指导性的意见。

开放维度：你可以接受多少新想法

开放维度体现的是管理者个人的求知欲、独立判断能力与全局感。这些特质对于你做好管理大有裨益，却不一定有益于你与下属的关系。

如果你总是喜欢讨论假设性，或者总是以抽象、复杂的方式阐述问题，那便会令那些悟性不足的下属感觉困惑与不安。这些下属往往追求清晰的指示与明确的方向，他们希望从你那里得到“往哪去”的指令，却并不善于思考“要去哪”，对于这类员工，你应注意不要询问他们太多。

不过，如果你是循规蹈矩型的管理者，那么你肯定会抗拒新创意，并坚决主张以事实与数据为准绳。这种太过保守的做法并不利于你的管理，因此，你需要尝试迈出自己的舒适区，让自己接受来自下属的新想法、新做法。你这样做时，下属便会因为拥有了更多尝试与发展的机会而乐于与你交流。

随和维度：你可以忍受多少对抗

该维度是用来衡量管理者对人际交往这一事项的重视程度的。

意志坚定且直接的高管倾向于直面冲突和难题，他们敢于有话直说，且不顾及自己的话语对下属来说太富于攻击性。如果你是这样的管理者，你最好学会包装自己的意见，从而让自己的批评不再尖锐刺耳，这样做的目的在于让下属意识到你的批评是对事不对人的。

当然，如果你的个性过于随和，那么你也有可能受到下属的牵制，并因此变得不擅长做出可能惹下属不高兴的决策。如果你还想继续待在管理职位上，并想在下属面前建立权威，走得更远，你就必须转换思维，从“我希望下属喜欢我”变为“我希望给下属留下公平的印象”，因为“公平”才是下属评价管理者的最重要因素。

责任心维度：你可以给予下属多少关注

可靠是领导者可贵的资质，如果运用不当，便会给你带来负面的影响：对团队与下属的过度责任心会令你太过关注细节，却忘记了全局本身。

若你感觉自己有这种倾向，不妨问问自己："这是真正重要的事情吗？我是不是应该将注意力放在其他的地方？"同时，你还需要通过授权，让自己摆脱琐碎事宜，以腾出更多精力来做真正与团队发展相关的事项。

除漠不关心下属之外，另一个责任心不足的表现在于对待决策太过草率。对待此类行为的最好办法是，任命一位员工，让他在你仓促决策时提出质疑——当然，你需要保证他不用担心因"唱反调"而遭遇报复。

总的来说，你需要了解自己的个性，同时更要弄清楚下属对你的看法。热情、积极、专注都是管理者的重要个性特质，如果让它们走向极端，那么它们便可能会变成麻烦的根源。因此，牢记"物极必反"的道理，学习辨别管理职位上的个性陷阱，你才有机会在领导下属时表现得更卓越。

5．立足本职提升领导力

如果只是单纯地谈及领导力，那么我们至少可以搜罗出100条大师级的定义。可是，诸多的定义并未让管理者的领导力不再成为问题。

☞"怎样才能准确定义领导力？"

☞"如果想赢得下属的鼎力支持与学习，那么管理者要重点培养哪些素质？”

☞“在个人提升过程中，哪些环节的领导力最需要提升？”

☞“应该如何提升？”

迫切想要得到这些答案的管理者表现出了对个人成长与发展的期盼。有关这些问题，我们可以从那些管理成熟的企业中得到些许启示。

美国软件公司 Square 被称为移动支付鼻祖，如今，该公司的移动支付日交易额已达 1 亿美元，而且这一数值还在不断增长之中。在各类移动支付软件不断增多的当下，该公司之所以依然能够在业绩上保持出色，关键在于他们在培养管理者时运用了领导力地图。

不同于一般企业大规模重金投入开展领导力课程的设计与授课，Square 公司将 40% 的精力投入前期认知阶段，它将全方位的自我认识作为计划重点，而这恰恰是大多数领导力发展计划中难以见到的场景。

该公司的人力资源主管介绍说：“我们希望管理者的发展是建立在清晰的自我了解与自我接纳基础之上的，所以，我们将注意力从授课转移到了自我认知与明确重点发展方向上。”在该公司的优秀管理者素质模型中，包括由 12 个维度组成的三大要素，这让该公司的管理者在工作过程中有标准可循。

出色的敬业精神	强有力的执行力	杰出的领导才能
☐ 分析判断	☐ 战略理解	☐ 培养下属
☐ 情绪控制	☐ 协调能力	☐ 团队建设
☐ 抗压能力	☐ 沟通能力	☐ 任务分配
☐ 责任心	☐ 规划安排	☐ 授权管理

这套素质模型传递的是 Square 公司对管理者的定位——“人人都是 CEO”，并透露着每一位管理者的职责：招募、培养、保留核心员工与团队。

Square 公司个性化的素质模型反映了这样一个事实：管理者的个人领导力水平其实是可以从各个不同角度进行评估的，比如，领导潜质或者有效领导行为。管理学家也在不断地试图通过构建理论与模型，以求从各个角度剖析“领导力”的结构与内涵。而最广为人知的莫过于领导力五力模型。

明确领导力五力模型的内容

美国管理学家埃尔伍德 · 查普曼在 20 世纪提出过一个经典的领导力形成模式，该模式由影响力、使命感等五大因素与积极的态度的乘积组成。

$$\text{领导力} = \sum \begin{pmatrix} \text{足够影响他人的能力} \\ \text{充满理想色彩的使命感} \\ \text{果断而正确的决策} \\ \text{共享报酬} \\ \text{高效沟通} \end{pmatrix} \times \text{积极的态度}$$

值得一提的是，查普曼先生认为，领导力源于其赖以生存的土壤：他们的下属，而非他们的上级。

依据此模式，管理学界逐渐将领导力发展为五力模型。

该模型同样认可领导力来源于下属与领导过程，而五大能力正是为了实现领导目标而服务的。

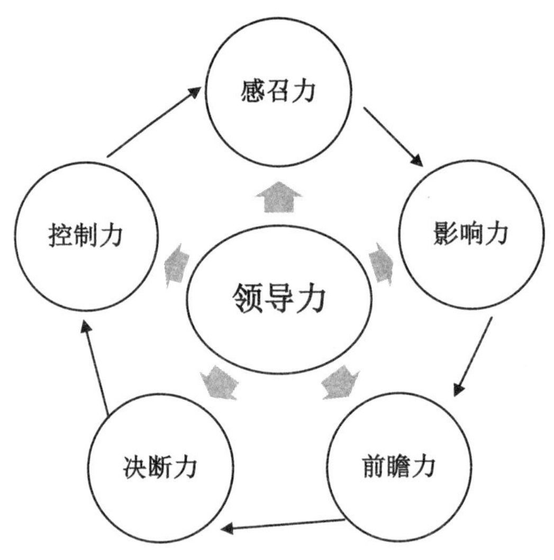

立足五力模型，提升个人共性领导力

五力模型所展示的是卓越管理者应有的基本素质，相比于这些概括性的大内容，管理者必须明确：如果你眼下还不知道如何下手提升这些内容，那么，共性领导力表格将会是你改变自我的有效起点。

在查看该表格中的内容时，你可以根据自我情况，具体勾选：有的便选择“√”，无者便选“×”。

共性领导力		个人是否具备
执行力	分解、落地战略的能力	
	对资源的合理配置能力	
	对过程的掌控力	
	进程与时间管理能力	
	工作优先级判断与管理能力	

续表

管理团队的能力	善于用人所长	
	为团队建立愿景，明确发展方向	
	善用文化与价值观营造积极、开放的氛围	
	有较强的授权能力	
	科学设立组织运营制度与规划	
	宽容创新上的失败	
创建团队的能力	组织与协调不同工作的能力	
	善于应对全方位压力	
	项目预算与执行力	
	熟悉除本职管理外其他的管理功能（如财务、人事）的能力	
	搭建网络的能力	

值得一提的是，执行力被排在共性领导力的首位，但对管理团队能力的需求仅次于执行力——这是因为不管是管理者的权威还是团队的目标达成，都是靠团队协作来保证的。若管理者不具备使下属拧成一股绳的能力，便谈不上执行力。

共性领导力是针对每一位管理者来说的：不管你身居高位，还是现处基层，只要你是管理者，你便应该具备这些能力或者体现出这些行为。事实上，越多体现出此类行为的管理者，越能够赢得下属的敬佩。

立足所在层次，塑造领导力

在明确了卓越领导力的五力模型及基本的共性领导力后，管理者便需要针对自身所在的层级来确定自己需要提升哪些能力。

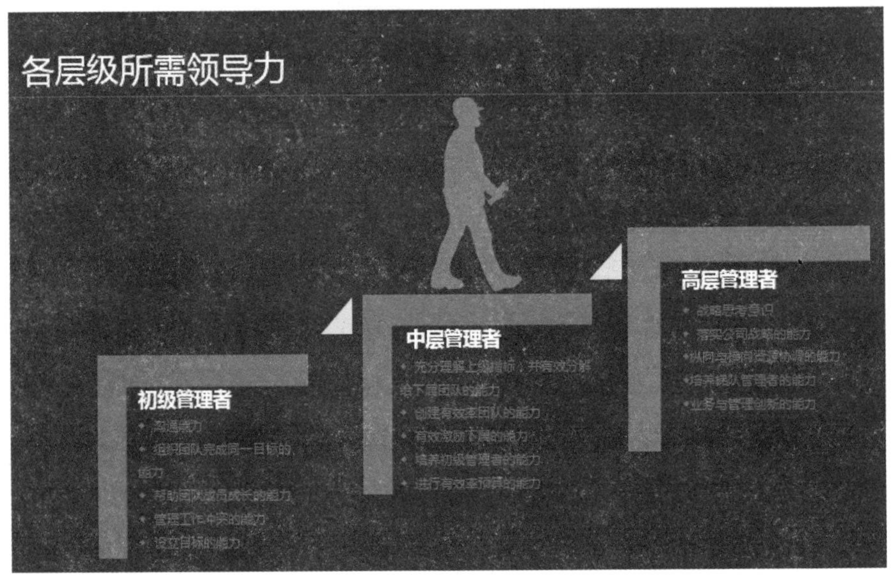

卓越领导力的维度在各个层级上是统一的，只不过，不同层级在每一个维度上的侧重点会有所不同。比如，初级管理者更注重执行力，它是具体到点的工作导向，而高层管理者则更需要注重长期目标的设定与激励他人的能力等。

对管理者而言，如果你能够建立或者借鉴他人的领导力地图，对比自身的领导力特点与现阶段所处位置，再次构建起属于自己的领导力发展模型，那么你将更清晰地知道自己的管理优势与短板。

6. 人人都有的管理盲点

只要在建立团队时选择最优秀的人才，便可以使团队发挥“1+1 > 2”

的战斗力？

在领导大型团队时，强调纪律是最有效的管理方法？

这些在管理层普遍存在的想法看似合理，其实忽略了人性的复杂，也过于简化了管理本身的意义。

1990年，美国航空航天局成功发射了“哈勃太空望远镜”。本以为它可在太空探索过程中发挥巨大作用，令人意想不到的是，哈勃太空望远镜其实是个“大近视”：它的主镜片弧度出现了错误，导致反射光源无法聚焦，而其反射效应竟然还不如普通的天文望远镜——这让整个航空航天局面临着国会的责难。

乍看之下，这是因为技术失误导致的灾难，可事实上，前航空航天局的天文物理部门主任查尔斯·佩勒林认为，真正的原因是领导失误。

原来，航空航天局的领导风格一直是强硬式的：历任主管一向要求下属严格遵守纪律，他们没有办法忍受供应商的种种借口，而对方提出的所谓不合理的借口却是决定太空望远镜质量的关键；供应商为了进一步打磨精准主镜片而需要更多的时间，同时因为该仪器过于精密，他们也需要不断地追加造价。

负责与镜片供应商对接的团队成员因此面临了莫大的压力。为了准时交件，他们只得选择层层隐瞒，忽视小误差，以至于造成了高达几千万美元的昂贵失误。

在查尔斯看来，若当时航空航天局的管理者能够认清自我个性的前提下，找出管理盲点，那么，这场失误可能就不会发生。

正如每个人都有性格上的缺陷一样，个人因这种性格缺陷导致的管理盲点也是普遍存在的。正视自己的管理盲点，你才能带领团队在各个阶段冲刺不同的奋斗目标，而不是受天生个性缺陷的影响，使管理引发问题。

如下图所示，管理者的个性其实可以依据“决策倾向”与“具体思维习惯”两项标准，大致分为“逻辑思维”“情感思维”“直觉思维”“事实思维”四个面向。

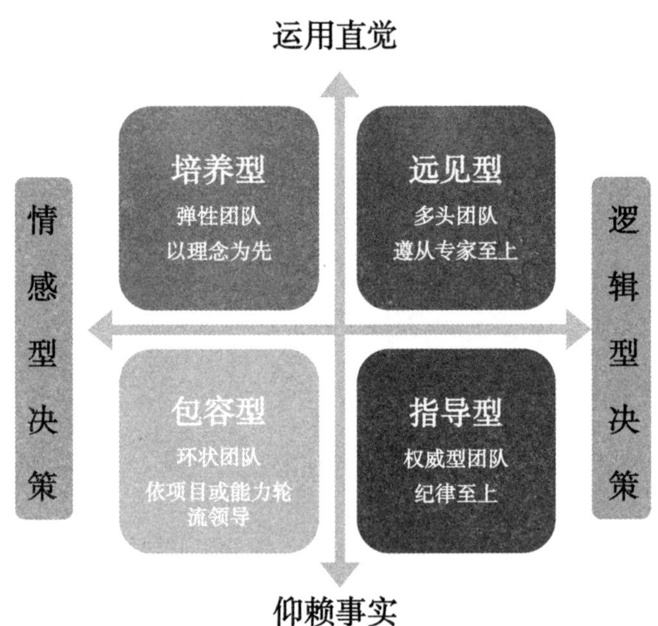

上图展示出来的四种管理性格其实都有其优势与不足，只有事先厘清了自我领导性格，才能真正地厘清自己的管理偏好，进而弥补因偏好引发的盲区。比如，情感型决策者需要弥补的是自己的对角线性格，增强自身的逻辑性；直觉型决策者需要尝试更多地仰赖事实，以便让自己四个面向的能力都有机会均衡发展。

有关四大管理类型的具体判断，美国航空航天局后来归纳出方法，我们在管理实践中也可运用。

测试：你属于哪类决策者

在可以自由决策的情境下，到底是逻辑思维最能影响你的决定，还是情感思维更能左右你的决策？在进行资讯的选择与描述时，你是运用直觉还是仰赖事实？

计算下面两个小测试，每题勾选一个“√”得1分，勾选“×”不得分，得分高的便是你偏向的管理性格。

天生资讯倾向测试（1）			
习惯运用直觉	**你的选择**	**习惯仰赖事实**	**你的选择**
仰赖我的内在知觉		仰赖我的观察	
常思考“可能是什么”		倾向思考“它是什么”	
想法侧重创意		想法重视常识	
行事更多凭灵感		行事凭仔细分析	
偏好在概念上伤脑筋		偏好研究事实与资料	
喜欢远大构想		喜欢确立的事实	
看重大局		看重细节	
得分		得分	
天生资讯倾向测试（2）			
情感型决策者	**你的选择**	**逻辑型决策者**	**你的选择**
和谐很重要		和谐只是达成目的的手段	
凭“感觉好不好”行事		凭“合不合理”行事	
首先考量的是“人”		首先考量的是“事”	
倾向于和谐的关系		倾向于做对的事	
通过团队共识决策		根据自己的想法决策	
信赖自己的情感		信赖自己的理智	
难以忍受冲突与对立		可以忍受冲突与对立	
得分		**得分**	

不同类型，不同盲点的规避方法

依据上面得出的结果，你可以对比下述四种管理类型，更好地规避自己的管理盲点。

◆ 远见型管理者：逻辑力强 + 直觉出色

你是人群中那个最善于构思创造的人，你追求源源不断的创意，所以你非常适合研究或者带领处于项目开发初期的团队。在团队关系中，你侧重于运用奇才，更偏爱专家构想，而不善于营造良好的团队关系。

解决之道：弥补斜对角的包容型性格，让自己暂时放下个人想法，试着去倾听下属的意见。这是你营造良好团队关系的开端，同时也是让自我管理盲点得以弥补的关键。

◆ 培养型管理者：情感丰富 + 直觉出色

你天生乐于关注他人的需求，这使你成为人才发展的推动者。你的这种特点使人才愿意跟随你，而你所主导的团队也是同类型团队中忠诚度最高的。由于重视的是成员所提供的个人价值，而不是层层管控，因此，你适合带领人力资源与大型团队。不过，个性中侧重情感的缺陷决定了你不擅长绩效管理与流程管理。

解决之道：磨炼自己的远见型和指导型性格，尝试学习如何建立、维护团队制度，并依据制度的力量来创造新的成果。

◆ 包容型管理者：情感丰富 + 重视人际

你乐于推动团队关系，且善于与难缠的下属协调。在管理时，你不习惯“树状”团队，更倾向于筹建环形团队，在你的引导下，每一个人都有发表意见的机会，团队氛围非常和谐。这种管理特点决定了你在行销领域非常在行，在带领大型团队工作时，你也表现得卓有成效。

不过，遗憾的是，你畏惧冲突，并且为了规避冲突而过度迁就下属。由于不擅长坚持自己的意见，你很难对人事问题当机立断。有时候，你重视和谐甚于解决问题。

解决之道：补足斜对角的远见型管理性格。现在，尝试直面冲突与异议吧，听听来自下属的意见，同时坚持自己的做法，让他们看到你也有果敢的决断力，这将帮助你在下属面前树立起更大的权威。

◆ 教练型管理者：逻辑力强 + 理智头脑

你是制度的积极拥护者与建立者，擅长建立纪律与流程。在你看来，服从纪律远比赢得胜利或赢得下属的信任更重要，因此，你是那个最适合管理与带领项目后期的团队的人。不过，由于逻辑性与理性太强，你很难以同理心去了解下属的需求。在你的心里有严明的阶级意识，你认为自己就是管理者，下属就是下属，你不关心下属在想什么，只想知道他们能做什么。

解决之道：尝试用委派来下放权力的同时，向斜对角的培养型管理性格学习。如果你能够意识并运用授权与信任的力量，同时尝试理解下属的想法，那么，你将从他们那里得到更多的支持。

针对自己的管理盲点进行提升，其目的是让自己的四种面向能力都可以获得均衡发展。更重要的是，当你能够做到主动弥补管理盲点时，你在下属眼中的形象会变得更出色，你的管理行为也将更完美地融合理性与感性，而这将大大增加你管理成功的可能性。

7．依据权力强化影响力

普通管理者认为，管理的过程中充满了被动与强制，的确，它是处于管理岗位、拥有管理权限的人对下属实施的一系列管控行为，但这并不意味着基于职位衍生而来的权力便是管理的基础，因为管理过程中的计划、组织、控制与领导都是基于职位差别的行为，而这些行为的强制性与个人影响力相配合，才能产生让下属既敬佩又愿意跟随的管理者。

中国管理界是最能够体现职位权力的所在：我们的领导体制有着等级分明、自上而下的特点。华为作为一家典型的中国公司，也沿袭了这样的风格。

如果你询问华为人，他们对掌门人任正非的尊重绝非仅仅因为他是该企业的总裁——这种以团队鼎力支持表现出来的尊重与信任是建立在任正非依据个人管理特点塑造出来的影响力基础上的。

任正非在公司内表现出绝对的控制权：他在大小决策上必须亲力亲为，或许与之曾在军队服役有关。这个严肃且拥有强大意志力的男人时刻把握着决策。在华为发展之初，他以“胜则举杯相庆，败则拼死相救”的态度，让组织在激烈的生存战中胜出，并成长为中国的一流公司。

在决策执行上，任正非塑造出了用权力带动积极性的典型：华为发展早期，在发展战略、文化建设等重大决策方面，任正非坚持“大权独揽，小权分散”的原则；不过，在研发、人才任用、薪酬分配等方面，他充分放权，从而最大限度地激活了各个管理层的创造性、主动性。

华为发展到现在，任正非一直在积极地汲取西方的管理经验，这使得华为的决策体系日渐规范化与制度化，而此时的任正非表现得更像“鲶鱼”：他通过适度集权与有限民主，避免了个人独裁所带来的弊端，也使下属对他的推崇与尊重达到新的高度。

任正非的出色正是源于他用职位带来的权力塑造了新的影响力。作为管理学界的流行词汇，“影响力”在近年来备受推崇，有些人甚至将其作用看得大过权力。可细观任正非与其他一流管理者的履历，我们很容易发现：影响力与权力就如同太极中的“刚”与“柔”，两者缺一不可。

我们不妨为管理效果设计一个简单的公式：

管理效果 = 权力因素 × 影响力因素

立足于这一公式，通过下述管理基础的结构表，我们能够看到管理基础与下属态度之间的变化。

<table>
<tr><th colspan="2">管理基础因素</th><th>基础</th><th>驱动力</th><th>下属态度</th></tr>
<tr><td rowspan="5">权力因素</td><td>职务的压力</td><td rowspan="5">工作关系</td><td rowspan="5">服从</td><td rowspan="5">消极被动</td></tr>
<tr><td>信息的掌控</td></tr>
<tr><td>任务的分配</td></tr>
<tr><td>资源的掌控</td></tr>
<tr><td>奖惩的掌控</td></tr>
<tr><td rowspan="5">影响力因素</td><td>优秀的工作履历</td><td rowspan="5">内在动力</td><td>认可</td><td rowspan="5">积极主动</td></tr>
<tr><td>突出的能力</td><td>钦佩</td></tr>
<tr><td>高尚的人格</td><td>尊重</td></tr>
<tr><td>为下属承担责任</td><td>责任</td></tr>
<tr><td>关注下属成长</td><td>需要</td></tr>
</table>

可以看到，权力因素源于职务、基于上下级差别而形成，所以它所产生的是一种天然的服从心理，而这种心理其实是一种消极被动的服从。相比之下，基于认可、信任、尊重与需要等因素形成的影响力，将会使下属心甘情愿、积极主动地面对上级的管理。

权力更像一种消费：它越用越少；而影响力则是投资：有时候小小的

投入却会产生惊人的收益。不过，影响力的特殊之处就在于，它是通过管理者个人用心塑造的。管理者若想在职位上既保有权力又发挥影响力，就必须学会以用影响力引导员工为主、以用权力强制下属行为为辅。

由于管理基础因素是由“影响力”与“权力”两大因素结合、共同构建而来的，所以，你必须重视如何双管齐下，在提升影响力的同时，塑造自我权力。我们必须记住的是，管理基础的累积是为长期发展做准备的，它就如同一幢大厦的地基一样。作为一名管理者，你应让自己具备与手中权力相匹配的影响力，并以此来塑造、强化自己的管理基础。

夯实基础：持续提升自我

一切关系皆在尊重与信任之中发展与壮大，上下级关系中更是如此。若在管理过程中，你未能呈现出值得尊重与信任的人格、能力特点，那么，想要建立起让下属心甘情愿跟随你的影响力，便是一种奢望。

评价一位管理者是否卓越的标准并不是他是否走在他人前面，而是有多少人愿意跟在他的身后。所以，不断地提升自己的人格与能力，是塑造自我管理基础的基础。

树立信念：将夯实基础当成最重要的投资

人都有短视的缺点：我们总是会被既得利益所引诱，我们宁愿为眼前的蝇头小利争得头破血流，却对未来能够带来更大利益的可能性抱以不屑的态度，而这正是管理者缺乏投资与成长意识的最大体现。

拥有足够职业远见的管理者总是会发现，管理基础是个人在未来获得更广阔发展空间的前提。遗憾的是，良好而坚固的管理基础所带来的效果并非立竿见影，而且，在短时间见不到效益的现实上，它还会占用大量宝贵的个人资源，比如精力、时间。

若你陷入短视之中，不懂得投资管理基础的好处，那么，你便相当于放弃一份让未来更稳妥的投资，而一个短视的管理者是无法带好一个团队的。

选对起点：选择一个与你匹配的岗位

作为一名管理者，你眼下最需要考量的是什么：丰厚的薪酬？优越的环境？

这些都不是最重要的，你最需要考虑的是眼下哪个行业、哪个公司的哪一岗位最适合你的价值观与发展需求，因为这些因素直接决定着你是否能够建立起管理基础。

事实上，如果你与所在行业、公司的匹配度很高，那么，你的经历、你的优势、你的兴趣都有可能壮大并发展你的管理基础；相反，若在行业、公司、职位三大因素中，你的匹配度都极低，那么，你的管理基础也将无所依附。

做出选择：到关键岗位 / 部门任职

平庸的岗位无法产生卓越的管理者：未来的组织越来越看重个人的贡献与价值，没有哪个董事会或者股东大会会过多关注一个“不太重要”的岗位，这样一来，你能够产生的影响力少之又少。

如果你想让自己跻身拥有巨大影响力的管理者行列，那么，你必须调动自己全部的资源与注意力，让自己到组织内那些关键的、决定组织生存的部门去工作。在这些部门之中，你会获得更多有益于个人成长的资源，同时也会得到组织更多的认可与尊重。在此类部门之中获得成就，将对你树立积极影响力有极大的帮助。

如果你真的想成为一名受下属尊重、让下属有仿效欲望的管理者，那么你应依据自己所在的职位，思考自己的影响力：下属现在为什么听你的？他们是因为你所在的位置，还是因为你就是你？只有当你的权力与影响力在管理过程中相得益彰时，你所做的管理才能够真正被称为“管理”，你从下属那里赢得的才是尊重，而非单纯的服从。

2

CHAPTER

选用：我的团队我的团

想做好管理，你得知道自己要什么：如果你要的是团队效率提升，那么，你必须明确团队内的人才匹配要呈现出怎样的状态，你与下属才能在各司其职的基础上使得聚合优势最大化。

1．管理者的人才甄选之道

管理学大师彼得·德鲁克认为，管理者的基本职责就是界定组织的使命与目标，然后组织与激励手下的人力资源去实现它。同时，他还特别强调："若无能力甄选出恰当的人才，你怎能指望自己的组织、团队得到成长？"

其实，这种"以人为本"的观点所贯彻的是"先人后事"的人事聘任原则。大多数管理者在聘任员工时，多会使用"先事后人"的方式：依据岗位或已定的战略，一个萝卜一个坑地匹配人。这种理论背后隐藏着的假设是：战略的制定者是绝对明智的，所以他提出的战略也是正确的。但是在管理过程中，管理者并非时时明智，而其所制定的战略也并非时时正确——此时，“先事后人”原则便会导致团队内形成“人”与“事”之间的需求冲突。

没有对的人，就没有对的战略。如果你反其道而行之，首先选择合适的人，然后再开始做事，那么你的管理效率便会大大提升。

20 世纪杰出的 CEO 杰克 · 韦尔奇在总结自己的领导艺术时说，领导力只与人有关，它只关注如何得到最优秀的员工，“通用电气拥有世界上一流的员工，所以，它也是世界上极具竞争力的公司”。

韦尔奇曾在不同的场合呼吁，要想让企业在竞争中抢占先机，找到合适的人是最重要的事——没有了合适的人，世界上所有精明的战略与技术都将无用。他不仅是这样说的，更是这样做的：在 20 世纪 80 年代带领通用集团进行业界内创新式战略转型时，韦尔奇要求大规模提升集团内部的人才。

在卸任以后，他总结通用公司的战略之所以会拥有持久的生命力，就是因为它建立在两个牢不可破的原则上：一个是大众化是糟糕的；另一个就是人才决定一切。

如今，这种“人才决定一切”的理念已经成为管理界公认的人才甄选之道。借用美国管理学家吉姆 · 柯林斯对“先人后事”的描述来说：管理者在“开车”以前，应先让合适的人留在车上，把不合适的人请下车；在车辆行驶过程中，选择合适的人上车，那么，合适的人会让车驶向正确的目标，即使途中一时偏离了目标，合适的人也能把车驶回正确的轨道。

甄选出“合适的人”是如此重要，那么，我们应如何在人才聘任过程中甄别出这样的人？通过研究国内外卓越管理者的成功经验可以发现，他们在甄选“合适的人”时，往往会坚持三大原则。

原则一：宁缺毋滥

如果不是合适的人，那么宁愿这个职位一直空下去，也坚决不为了“补上空位”而请他上车。全球知名搜索引擎谷歌的CEO拉里·佩奇认为，公司选到错误的人会带来一系列的麻烦，会遇到高额补偿金、辞退谈判、对组织氛围负面的影响、业绩下滑等问题。而谷歌规避这一系列问题的方式是，从一开始便时时牢记，要想避免解雇不得力员工的窘境，最好的办法就是不要把他们招进来。

因此，谷歌在人才招聘过程中投入了大量的人力和物力，甚至会让求职者感到冗长而放弃，但谷歌宁愿“漏聘”（未招聘到或错过那些应招聘到的人），也不愿意“误聘”（将那些不该招入企业的人招进来）。

不过，团队内长时间出现岗位空缺也会影响团队的正常运作。在这种情况下，管理者可以使用下述两种办法予以解决：

① 由现任上级向下兼任空缺岗位，并积极寻找继任人选。

② 由现有岗位下级或平级暂时扩大工作职责，并考察、培养他们的胜任能力。

原则二：一旦发觉招到了错误的人便当机立断

一旦团队内进入了不适合的人，管理者应快速决策，请他下车。杰克·韦尔奇入主通用后，其裁员规模是空前的。这种裁员有相当一部分是由于战略目标的调整造成的，但更多的是因为员工本身不能胜任工作。

韦尔奇先生认为，包容不胜任者，其实是对所有员工的不公平。趁早让不合格者离开，不仅是管理者筹建与个人风格最契合的团队的重要之道，同时也是影响团队内员工效率的关键：表现不佳者无法完成自己的任务，往往会影响其他员工的绩效。在最后的成果分享中，他的行为会拖累其他员工，把别人分到的蛋糕也变小了，这对优秀员工来讲是一种不公平，最终会破坏组织内部的信任和坦诚。

原则三：若发现某人非要严格监督才能完成工作，那你一定用错了人

谷歌首席人才官拉斯洛·博克在介绍谷歌人才核心甄选法则时指出，真正的人才要将自己视为创始人：他们自觉地将自己看成一名创始人，并像创始人一样行动。所以，优秀员工是不需要监督的。

其实，管理者在实际管理过程中应该也可以发现：那些真正合适的优秀人才不仅会与你和团队的价值观保持一致，并且当他们认为自己所做的事情对公司、对自己有利时，他们会自我激励，想尽办法去克服困难，达成目标。他们会因为自己的出色工作成绩而满足，并会因自己与管理者保持了行动上的一致而兴奋，同时更为自己为组织与团队创造的价值而感到自豪，从而更努力地争取更大的进步。

对于这些人，管理者最应该做的是给予充分的信任与授权。

相反，若一名员工需要你不断督促、提点，交办的事情总无法达成标准，更需要你在过程中不断予以确认、检查，那你便不需要再犹豫：他对于你的团队是不适合的人，请他下车是最好的选择。

这三大原则最终会促成一个结果：不合适的人会因为跟不上团队与管理的发展及要求而主动或被动地离开；合适的人会得到管理者的重视，并想方设法将他们留在身边，委以重任，让他们在适合的位置上大展拳脚。

这些受到重用的合适者会因为与管理者价值观相同、在团队内成长速度快，而对团队保持高度的忠诚，不会轻易离开团队。管理者会因为努力将这些人留在身边，而有机会打造更契合个人管理风格的强有力团队。

2. 从聘任开始，选出你真正想要的人才

如果你将招聘当成一个“让团队保持完整”的过程，你很可能会选到错误的人。

我的一位客户在正式进军汽车销售领域后，聘用了一位曾经担任汽车制造厂某部门经理的人来替他经营。

这位经理并不善于精简人事与控制开销，相反，由于他之前在汽车制造厂工作的经历，他很容易对厂方产生同情，进而接受厂方种种合理与不合理的要求。在争取热销车型这件重要的事情上，他总是无法达成目标。

客户最终换了一位可以替他节省开支、强硬要求的人来管理公司。这位新主管绝不会因为厂商给出的理由便妥协，而是站在自己的职责要求上与对方展开谈判，要求对方必须保证优先给自己手下的门店提供最新款的车型。

在聘请人才时，你很可能会因为对方过往的工作经历而认为他，他与你眼下的空缺十分合拍。可是，如果你没有严格把关，那么对方很可能并不是你想要的人才。

你真正想要的人才不仅要与你保持价值观上的一致，同时更要能达到你期望的岗位理想模样。想要聘到这样的人才并不容易，不过，幸好我们有拿来即用的方法可借鉴——“三步法”是由欧洲最大的管理咨询公司罗兰贝格总结出来的，它对选择合适人才以及提升管理者的管理效率都非常有用。

第一步，归纳与分析

管理者应首先思考：对于自己想要填补空缺的职位或针对某一岗位招

到人才以后，你希望取得什么样的成效，然后分析可以取得这些成效的人选。这一阶段所做的一切是“三步法”展开的基础，它为员工需要与岗位合拍提供了具体的依据——这也是整个选才过程中最容易被管理者所忽视的。

在进行归纳与分析时，你应该先列出自己对这一“理想员工”抱有怎样的期望：

填补这一空缺，应给团队或组织带来怎样的成效？

它可以满足什么样的需求？

你希望达到怎样的结果？

你需要格外思考你所渴望的“成效”：岗位职责描述只能反映基本的岗位活动，而这些活动很可能会成为掩饰员工不称职的烟幕弹。毕竟，在工作中表演忙碌与勤奋太容易了：员工只需要在你出现时总是打电话、写报告、询问问题，你便极有可能判断他是处于积极工作状态的，但这些活动未必会给你改善团队绩效带来积极的成果。

因此，你需要对这份工作进行定量——定量是一种有效减少判断错误的好方法。即便像项目调研员这样看似难以衡量的工作，也可以通过定量来评定其表现。方法之一就是为调研员确定一个具体的工作目标，如在半年内设计出两个新的产品调研方案，并给出对产品改善、销售有借鉴意义的调研结果。如果对方工作了半年却连一个方案都没有拿出来，那么你便该问问自己为什么要雇用他了。

你也可以通过审查自己希望实现的结果来确定自己对“理想员工”的合理期望，一种可供借鉴的积极方法是：如果你在去年就聘用了这名员工，那么他应该获得了怎样的工作成果？

一旦期望确定，你便找到了评估候选人是否是“理想员工”的标准。接下来，你就可以进入面试阶段了。

第二步，面试阶段进行对比

面试最重要的意义就在于，你可以通过面对面的了解来发现对方是否与你在价值观、行动期望上表现一致。

在面试的时候，你应立足于对方提供的简历、申请表与你听来的信息（如果有），深入地与对方展开交流，以获得有关其个人特点、过往取得的成就、其对未来的设想等方面的第一手资料，然后对照自己的需要，对这些资料进行准确的评估。

在这一阶段，你应充分利用分析阶段中自己总结出来的“理想员工”模样，与现在正在面试的候选人进行对比：他过往的成就与你期望的标准相比，是差还是强？他的能力是否能够契合你对岗位的具体要求？

在对比时，你应针对候选人的经历区别对待：在与岗位经验较少的年轻人对话时，你应关注他们的教育背景、心理状态；对经验丰富的专业人才，你应深入了解他们最近几年获得的成绩。

在面试阶段，你需要注意运用“二八原则”：将 80% 的时间用来听候选人说话，将 20% 的时间用来自己说。遵循这一原则，不断地使用开放性的提问，从对方的回答中获得对甄选有用的信息，你便能够大致判断出对方是否与你要求的“理想员工”模样相契合。

一个积极的面试过程可以帮助你了解候选人过往所获得的成绩、他们获得成绩的具体方法，以及他们日后最有可能的工作表现。

第三步，进行最终的评价与分析

通过面试，你多半会找到几位合适的候选人，此时，最忌讳的就是单凭个人喜好做出最终选择——你需要将现在的人选与当时在分析阶段得出的“理想员工”模样进行对比，对他们进行更仔细的评价，然后在几位候选人之间展开比较。

多运用自己在面试阶段得到的信息是最谨慎的理性行为，它可以帮助你确定该人选是否具备你所期望的“理想员工”模样：对方是完全具备还是不太具备，抑或不能确定？

如果有两位最佳候选人，那么你可以综合其中一位的所有评价结果，并将由此得到的整体印象与另一位进行比较，从而判断出哪一位在你所重视的价值观、行动特点方面比另一位更强。

如果你认为自己初步选定了一位候选人，那么你应该进一步证实他们所说的：你可以通过打电话到对方之前供职的公司，找他的前上司进行询问，看对方是否是值得信赖的人。出于共同的管理角色，对方往往会很乐意为你提供建议。

一旦你完全了解了你的候选人，并确定了他们的表现与他们所说的一切一致，同时与你的“理想员工”模样相距不远，那么你便可以将之招入团队之中了。

在这一过程中，管理者个人的直觉非常重要：即便在整个聘任过程中没有任何问题，假如你的脑海里总有盘旋不去的疑问，且疑问无法通过证实来解答，或者对方表现不错，但你就是与之感觉不合拍，那么，你最好不要聘用此人。

3. 选择与你价值观相似的人

1973 年，美国著名心理学家戴维 · 麦克利兰提出了人才聘任领域的著名原则——冰山模型。该模型将个体不同的表现方式划分为“冰山以上部分”与“冰山以下部分”。

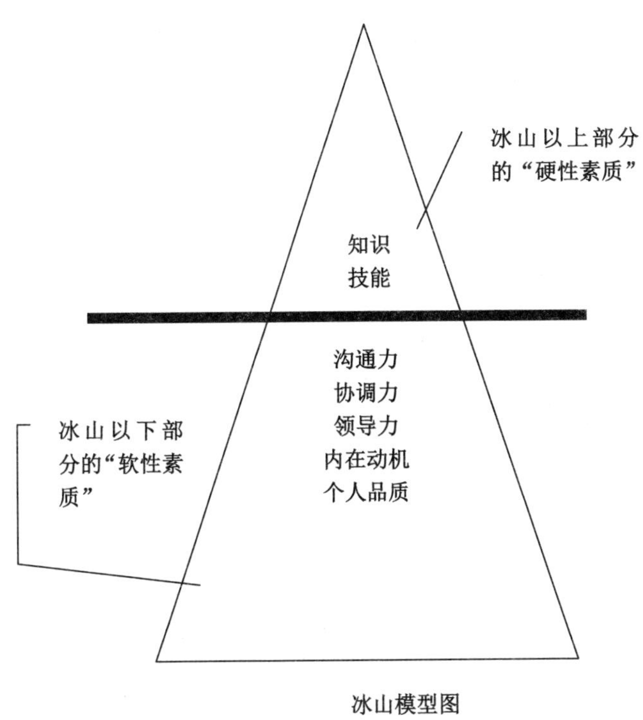

冰山模型图

如上图所示，“冰山以上部分”包括基本知识、基本技能等硬性素质，它们是外在的表现，是最容易了解与测量的部分，相对来说更容易通过培训与引导来发展和改变。

“冰山以下部分”则包括沟通力、协调力、领导力、内在动机等软性素质，它们不太容易受到外界的影响。组织行为学的研究发现，冰山以下的软性素质更能决定与衡量一个人未来的职业表现。

“价值观”作为软性素质中的一项，便属于“冰山以下部分”，它要求任职者的价值观与公司的价值观、企业文化要保持一致，不可出现冲突。在人才甄选过程中，国内对价值观最为推崇的公司当属阿里巴巴。

为了甄选出与自身价值观相符合的新员工，阿里巴巴创新设计出了“闻味官”一职。闻味官是阿里巴巴面试最后一关的把关者，一般由组织内 5 年以上的老阿里人担任。此人会与即将入职的人聊天，由他们负责通过仔细观察求职者的言行来考察对方的价值观，并根据自身的经验选择出那些与阿里巴巴价值观相匹配的新员工。

除此以外，阿里巴巴还是一家极其鼓励合作的公司，它将组织目标看得比个人利益更重要，所以，闻味官往往会在甄选人才的过程中更重视探求求职者的自我感受。比如，有些人会因为太过以自我为中心而无法入选。

此外，很多求职者声称，他们因为热爱而加入阿里巴巴，但却没有办法具体地说出自己到底热爱哪一方面，这些人会因为自身不够诚信，与阿里巴巴的核心价值观相违背，从而被淘汰。

总的来说，在人才甄选过程中，不管求职者个人是否有很强的“冰山以上部分”的硬性素质，闻味官对其都有一票否决权。如今，闻味官的面试已经成为阿里巴巴价值观考核的重要方面。

就如同婚姻中两个人的志同道合一样，如果你真的想要把下属培养成你，那么你与员工的价值观必须匹配。这是对一名员工与企业或团队文化、你个人的管理文化的适应性考验：对方只有适应你所组建的团队文化、认同你的价值观，大家才能在合作过程中趋于默契；也正因为你们的价值观相同，他才会有更大的概率接受带有明显你个人特色的工作经验与管理方式。

这其实也是欧美公司在管理过程中所发现的经验：若员工与管理者拥有明确的、一致的价值观，那么组织内的效率将会大大提升，内耗也会极大减少，因为依托组织价值观而形成的员工行为模式，可以在很短的时间内帮助员工迅速地做出判断，使他们明白哪些事情可以做、哪些事情不能做。

更重要的是，价值观是否相同决定了员工留任时间的长短。许多人在选择工作时往往会以薪资与个人发展作为考量，并未注意到工作是否与自我价值观冲突。若管理者招募了个人价值观与公司自我不合的人，那么由于管理方向与对方的价值观相左，员工通常不能在工作上持久——一旦决定离职，你之前为培养他所付出的时间与精力都将白费。

不过，让很多管理者困惑的是，与“冰山以上部分”相比，价值观作为“冰山以下部分”，往往无法有效判断。如何才能在甄选人才的过程中使自己有更大的概率选择到价值观相似的员工？这就需要从求职者自身的阐述入手。

重视能讲出和你相似故事的人

管理者应清晰地意识到，那些在自我经历、观点中表现出与你的价值观相似的人，才值得你花费时间去培养。

我曾经辅助客户公司招聘财务会计，遇到这样的候选人。当时，客户公司效益不景气，财务部门先后有数位工作者离职，所以，人力资源部主管非常担心几位候选人的稳定性。

其中，有一位候选人不管是学历、工作经验还是工作背景都并非最出色的。所以，在通过初试后，他只是作为备选，与其他几位佼佼者一起推荐给了财务部经理。

在复试环节，财务部经理问到了“如何看待企业效益不佳”这一常见问题，大部分候选人都从财务角度出发，谈及如何开源节流、怎样做好现金管理与预算管理等。唯独这位备选候选人提到，效益不佳时，正是团队建设的最好时机。

财务部经理对此回答自然极其好奇，并追问为什么。此人回答说，之前自己所在的公司是创业公司，由于初期经营不善而导致人心涣散，在留不住人的情况下，老板不得不决定解散公司。该候选人对前公司的失败极其惋惜，并指出，若当时管理者与员工都对公司拥有坚定信念，当时的团队或许就能走出困境。

正是因为这些感同身受的经历，财务部经理认为，该候选人与其他候选人相比，更拥有团队荣誉感，与公司、自己的价值取向更符合，当即决定录用。此后的事实证明，该候选人入职以后，在岗位上兢兢业业，协助财务部经理完成了多个重点项目。

表现出与你的价值观相似的人，可能与你原本所期望的录用标准并不完全相同。但是，唯有与你的价值观相同，对方才有可能在参与团队活动时成为支持你管理举措的中流砥柱。与其煞费苦心地宣扬企业文化、试着改变员工的信念，其实真的不如在人才聘任阶段便多花些时间，认真倾听对方内心最真实的想法，并选出那些与你经历、看法、故事相似的人。

换个方式去询问对方

如果在选聘过程中谈及员工忠诚度，那么可能很多管理者会联想到对方之前的工作经历。所谓忠诚度，并不能通过“在职时长”来简单地理解，更要考虑对方在任期内为前公司所做出的贡献——这是所有渴望人才的管理者必须警惕的一件事：我们总是会按照惯例去询问对方离职、选择新工作的原因，却极少去探究其真伪。事实上，我们在考量对方的求职动机时，对方很可能只是“说出了你想听的答案”。

如果你想从他的嘴里得到一些真实的信息，那么，不如考虑换个方式去询问，比如：

☞“你在什么时候获得的工作满足感最大？”

☞“你如何看待‘成功’这个词？”

☞“你认为工作与生活应如何平衡？”

……

这些开放式提问可以降低候选人“套路式回话”的概率，而你也可以从对方的答案中发现他与你认可的价值观是否匹配。

在招聘过程中，我就遇到过候选人一方面认为成功就是要比他人付出更多的努力，另一方面却认为周末是绝对的私人时间，如果周末需要进修学习或加班工作，生活便了无乐趣。我也曾听候选人一方面说自己更看重新公司可以给予的职业发展平台，另一方面却对与其付出水平持平的薪酬部分斤斤计较。这些其实归根结底都是内心并不认可这一价值观却企图迎合管理者的表现。

当你重新审视价值观这一问题，并将之运用到聘任人才的过程中，你就会发现，真正影响你打造具有个人风格的团队的关键是要善用你的价值观来选拔人才。匹配的价值观不仅能够让你与新下属在行动上更契合，同时还可让你远离那些表里不一的“伪人才”，降低日后团队不稳定的风险。

4．下属不需要最好，但需要合拍

有些管理者在定下自己心目中的人才标准时，往往会将能力看得“大过天”，却忽视了“合拍”的重要性：招来的员工与你的管理特色、组织风格是否合拍，往往决定着对方能否配合你的管理、融入团队生活。

很多大公司并不会刻意招收“最优秀的人才”，相反，它们有时候甚至会将那些表现出色但与团队需求不符合的优秀人才故意剔除。松下电器的创始人松下幸之助曾经提出："松下只招 70 分水平的人，不招 90 分优秀的人才。"他给出的主要理由是，个人表现越优秀，待遇要求便会越高，从而导致人工成本昂贵；更重要的是，优秀的人才多不易管理，而松下电器在幸之助先生主管时是以制造业为主的传统企业，在这种格外强调团队合作的企业环境里，这些不好管理的人才往往会阻碍而非提升团队绩效。

"合拍的"往往比"最优秀的"更重要。合拍，往往意味着他是在适合岗位要求的前提下与你的风格和价值观最匹配的员工。不过，遗憾的是，大多数管理者能够选出合拍员工的概率不到 50%。在现实中，管理者往往会过度信赖通过选拔与招聘机制进行员工甄选，这使得管理者在聘任、选择人才时多参考的是普通的绩效、能力方面的内容，即我们之前所谈及的"冰山以上部分"。要想选出真正合拍的下属，往往需要管理者从个人直觉、做事方式等多个方面进行判断。

如何才能选出合拍的下属？首先应从对方是否能够在做事风格上与你合拍开始甄选。

选择与你的做事方式合拍的下属

在这方面，笔者的经历或许能给你带来一些启示。

在进入管理层之初，我的手下有十几名员工。由于公司业务发展迅速，我要求每一位员工都要尽快学会独立写作项目方案。某员工拥有较强的领悟力，虽然是新人，在接受了两三个月的系统培训后，她已经培养出了较为系统的项目写作能力。比如，我们共同开会讨论某个方案的框架、主题思想与要达成的目的，然后要求她写作方案，她便可以从理论到实践完整地展现出来。我非常欣赏这种能力，在我看来，这便是优秀员工的表现。

另外一名员工已工作两年多，看她之前写作的方案也很不错，但真正分派任务以后，她的工作方式让我非常头大：同样一个项目方案，她会每执行一步便交给我过目，看看是否存在问题。就算我已明确告诉她，并不需要每一步都交给我看，只需将最终方案交给我即可，她始终改不了或者不愿意改掉这一习惯。她的这种坚持最终导致的结果是我只能少分派给她重要的项目方案。

我是一个典型的结果导向型管理者，我有过过程导向的经历，并在那时乐于关注过程。可后来我发现，一味关注过程只会成倍增加我的工作量，而且不见得会有好结果，所以后来我果断放权，只关注结果——一旦这样做了，我便发现，这是最适合我的管理方式。所以，我对下属的要求必须是“独立性”放在首位。某些管理者不是结果导向型的，他们关注过程，并乐于在过程中指导下属——显然，我那位爱请示的员工在这样的管理者手中一定是最值得重用的人才。

这便涉及合拍的第一个标准：管理者会提拔、选用怎样的下属，完全取决于个人的管理风格与价值取向。

对于结果导向型管理者来说，与自己最合拍的一定是能够独立完成事情的下属。

对于过程导向型管理者来说，和那些可向自己呈现任务达成过程中每一个细节的人能够合作得更好。

稳重型管理者工作时，喜欢的一定是做事稳重踏实之人。

激进型管理者工作时，敢于挑战、行动力强的下属一定更合他意。

这就意味着，当你根据自己的兴趣、理想、价值取向与做事风格来选用下属时，他与你合拍的概率便会极大。

选择与你当下所在职位合拍的下属

管理这件事情，基本上层次越高，越需要下属的创新能力；层次越低，越需要下属的执行力。

在组织内部，需要体现出开创能力的岗位往往都是高层，这也正是我们总是听到高层管理者关注与寻找创新人才的原因。与此相比，更多的员工属于中层与基层。对于这些中层、基层管理者来说，他们当下的任务是尽职尽责地做好自己的本职工作——这是组织甄选人才进入高层的关键。

这就意味着，如果你是工程部、项目组组长一类的基层管理者，那么你的下属是否拥有足够优秀的专业技能非常重要。

如果你是部门经理这一级别的管理者，那么对方的沟通方式、思考问题的方法对你来说很重要。

如果你是总裁、副总裁一类的管理者，那么，对方在达到上述能力的同时与你能否保持思路、价值观上的一致更重要。

选择与你性情合拍的下属

在现实中我观察到，许多管理者乐于任命、重用那些性格活跃、执行力出色的下属，若对方兼具尊重自己的特征，他更有机会被委以重任。因此，我们很容易看到此类情境：在几个实力相差较大的下属中，管理者会倾向于提拔业绩较好的那个；在几个实力相近的下属中，管理者会更青睐与自己性格相契合的那个。

这一“性情”特点在管理者甄选得力助手时尤其重要：管理者与得力助手常常需要在一起，接触的时间比其他人多得多，在性格、脾气上更需要合拍。因此，如果你想选择在自己离开时可以委以重任、平日里可以讨论重要任务的员工，那么，那些既有能力、性格上又与你合得来的员工便是你的最佳人选。

“最合拍的”往往比“最好的”更重要，尤其是对于那些迫切渴望得到下属支持的管理者而言更是如此：如果你急需树立个人权威、营造具有个人特色的积极管理氛围，那么选择并重用那些合拍的员工便是你选拔人才时必须遵守的原则。

总之，公司要招聘到适合自身的人才，需要公司管理者结合公司的具体实践，在价值观的引导下，从分析工作和分析人两大角度来展开进行。

5. 甄选对团队最有帮助的人才

甄选团队成员，目的是选择一位最优秀、最适合的人才。管理者要做的就是从自己的需求入手，选出那些既有能力，又与组织和团队风格搭配，还能与自己和谐共处的人才。

在人才甄选方面，乔布斯有值得我们学习的独到之处。

乔布斯的成功一方面源于自我的努力，另一方面则是因为其一手甄选出来的出色团队。

苹果的Mac团队在创立时，成员的平均年龄在22岁以下，有一部分人从来没有设计过商业产品，他们凭借自身的设计天分赢得了乔布斯的认可。乔布斯在主持苹果的设计团队时，秉承的最重要原则是“改变世界”，其次是以实践制造出更精致的产品，包括硬件、软件、系统与相关的周边配件。

为了实践这一原则，乔布斯亲自进行开发小组人员的招募工作——这项工作从来没有被他人代替过。

乔布斯有着自己独到的人才观，他认为 1 名出色员工相当于 50 名平庸员工，因此，组建一个由一流设计师、管理人员与程序员共同组成的“A 级小组”是乔布斯最核心的工作。乔布斯一生面试过 5000 多人，真正被他看中的并不多。

在甄选人才时，乔布斯总是会对人才的基本面进行拷问：他是否抱有激情、是否拥有创新能力与挑战传统的勇气、是否能应对压力。每一次他都会问一个必问题目：“你为什么来这里？”而这个问题总会问倒很多人。

这是出于团队策略的考虑：乔布斯认为，在面对问题时，最关键的是成员能否致力于找到一流的长期解决方案，而不是找到短时间内奏效的解决方法。这势必会遭遇大量的难题与常人无法想象的压力，此时成员能否保持一如既往的激情、能否坚持自己对创新与原创的坚持，便成为解决问题的关键。

乔布斯说过一段话，可以理解为苹果对创新与人员之间关系的最终诠释：“唯有不断地深入问题的核心，才能够弄明白它到底有多么复杂，才能找到彻底解决该问题的根本方案。大部分人会在做到这一步之后便满足于此，并会就此打住，但真正杰出的团队与个人却会继续探索，直到最终能找到隐藏于问题背后的真正症结所在，并进而提供出一套漂亮而不失优雅的解决之道。”

正是因为秉承了这样的团队精神与独特的人才甄选原则，才使得苹果的应用创新如此精湛。

全球一流咨询公司贝恩咨询公司给出的权威调研数据表明：错误地雇用一名员工，为企业带来的潜在损失将是该名员工年薪的 3 ~ 10 倍。相应地，若企业能够聘用到适合且优秀的员工，则会为企业带来现有生产力水平 6% ~ 20% 的经济利益。由此可见，在这个以人才为本的时代，减少人才甄选的误差，实现精准的人才选用，是企业人力资源管理的重中之重。

为了实现企业的人才战略，同时为了在内部实现人才复制，大部分管理者都在不断地尝试如何更新自己的人才甄选方法，可是，整个招聘流程中的各种误差令大部分的甄选结果并不尽如人意。

如何减少误差，使人才甄选精准度增加？

最值得管理者关注的人才甄选工具就是“复合漏斗模型”。该模型是基于个人“能力素质”的“整合性评估”，是管理者在人才甄选过程中既简洁又极为有效的技术操作模式。

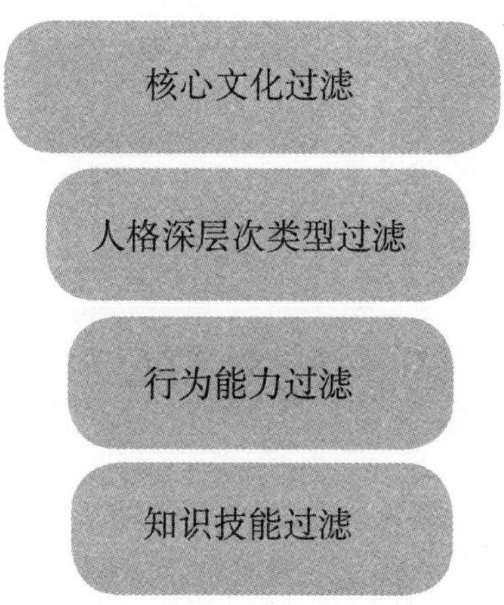

其具体操作可以简单地分为以下四个层次依次进行。

第一层：知识技能过滤

该层次属于复合漏斗模型最简单的一层，同时也是人才考察过程中的第一步。管理者可以根据所需人才专长，分门别类地建立起自我试题库，针对不同的职位要求进行及时的更新与维护，以方便使用。

第二层：行为能力过滤

这一层次主要是对人才过去的工作行为与具体的行为表现进行考察。该层次的考察重点在于，通过询问对方过往的工作经验与对当前所应聘岗位的看法，观察对方是否具备胜任该目标职位的工作能力，即考察的重点在于是否"做得了"与"做得好"。在操作过程中，管理者可基于"行为事件访谈"方法，结合 STAR 技术进行。

行为事件访谈是指对被考察者针对 STAR 标准，即具体的情境(Situation)、相应的任务（Task)、具体采用的行动（Action）和行为导致的结果（Result）四个要素进行追问与考察。比如，一位营业部经理若想招聘到一位出色的一线销售人员，需要通过应聘者所提供的信息，设计或者询问对方在遇到"某地区工作展开困难"的情境，但又承担了不小的业务量时，会采用什么样的行动，以及这种行动会获得怎样的结果。

这样的人才甄选方法，可以使人才的针对性、标准性、有效性与结构性大大增强。

第三层：人格深层次类型过滤

这一层次主要针对被考察者的人格类型、性格特质与行为动机进行具体的评价，其筛选目的在于使人员个性与职位实现最佳的匹配。这是用人是否成功的关键步骤，因为从长远的人才计划来看，个性往往会对人的成功起到决定性的作用。很可能在一批人才中，每一个都完全具备做好某项工作所必需的知识、经验、技能与行为能力，但是由于个人人格类型不同，最终导致了不同的发展结果。

在该层次中，管理者可将心理与人格测量技术进行结合。而该层次是否成功，关键在于管理者是否采用了有效的测量技术与测量工具的组合。如今，在管理过程中，应用频率较高、效果较好的测量工具有人格测量、情商测量、团队角色测量等，管理者可根据自己的需要甄选恰当的工具类型。

第四层：核心文化过滤

这一层次主要针对被考察者的核心素质类型与公司文化相匹配的程度展开。这一层次对公司用人有着不言自明的重要性，如果文化适应不佳，人才便无法与公司配合默契，而且被考察者将来在公司的绩效表现也会不佳，更无法做出长期的、稳定的贡献。另外，文化适应与否也决定了被考察者将来在公司里是否可以获得个人成功，是否可以实现自我价值。因此，这一步的考察对于个人与公司而言都非常重要。

在进行该层次的甄选时，管理者应首先对基于组织与团队战略发展上的核心价值理念进行明确，而不是单纯地了解对方是否知道公司的口号。有了对公司核心文化的了解，再结合前三个层次，展开对被考察者的了解与评价，同时进行核心文化要素与个人能力要素的综合性对比与分析，将个人与公司文化的匹配度确定下来，并对是否雇用对方做出最后的判断与决定。

6．辨识拥有“专注力＋好奇心”的聪明人

几年前，亚马逊创办人杰夫·贝佐斯谈及，随着亚马逊的规模越来越大，他思考的问题开始出现变化：从一开始时只担心事情要怎么做，后来

担心要做些什么，到现在他终于了解到，对于未来的发展而言，最该担心的是他的团队里没有聪明人。

“我关心的问题必须转变，从如何（How）变成什么（What），最终变成谁（Who）。”贝佐斯认为，公司越来越大时，这是唯一可保持长治久安的发展、经营之道，别无他法。

其实，贝佐斯所谈及的是每一个管理者都面临的问题：从最初入主团队，到引导团队习惯个人风格，再到利用团队发展，管理者所经历的过程也是从“如何”到“什么”，再到“谁”的过程。

在专注于“谁”的问题上时，管理者急需的是为自己的团队纳入可用的聪明人。

真正的聪明人什么样？这样的人首先应该具有专注力。

真正的聪明人具有专注力

根据精神学的研究成果，美国情商心理学家丹尼尔·戈尔曼发现，“专注力”绝不是“过滤分散注意力的东西”这么简单，它更是个人对重要事务的洞察意识的体现：真正的人才会首先将注意力集中在重要的事务上，在处理重要事务时，他们会将保持专注视为自己的第一要务。

这其实也涉及管理的另一个事实：那些高效的人未必聪明，而真正的聪明人却必然高效。你很容易发现，自己的下属中有些勤恳的老黄牛，他们迅速地达成你下的指令，并将所有自己职责内的事情快速完成。可这种对“重要事项”与“非重要事项”完全一致的处理方式，使他们的精力与时间被极大地分散——他们可能以较短的时间完成了工作，但所有事情的处理质量都是相同的：不重要的事情勉强合格，重要的事情同样刚刚过及格线。

真正的聪明人或许并不勤奋，有时候你甚至会发现，自己总是能够看到他们在格子间里偷懒，但他们总是能够分辨出你所交付的工作是重要还是需要应付。当他们通过经验判断出工作很重要时，便竭尽全力地调动起自己的所有注意力，在这段时间内，他们可以达到比一般职员高效很多倍的程度。

所以，当你决定甄选聪明人予以重用时，你应记得，不要以平日里的勤奋程度来甄选人才，而是要依据他们做事的结果：那些总能将重要事项高效、高质量地完成的人，便是你可以考虑重用的聪明人。

真正的聪明人拥有好奇心

聪明人都好奇，而好奇也是最能证明个人智力水平的特征：一个真正智力出色的人往往会对身边的各类事情充满了好奇心，也正是这种好奇心，促使他去探索着获得新知。

拥有好奇心的下属会积极地探索做事的新角度、新方法，他们在大部分人习以为常的场景下拥有探究规律本质的欲望，组织内的程序更新、创意发现往往来自这样的人。

经典电影《美丽心灵》制片人布莱恩·格雷泽的经历便是好奇心的最好证明。格雷泽原本是一名法学毕业生，机缘巧合，他在寻找工作时进入了好莱坞的华纳兄弟公司。在全新的领域探索前进，无疑困难重重，但从担任该公司的法律助理开始，格雷泽便一直在进行持续、有目的的“好奇心谈话”：他追踪那些让他感到好奇的明星、制作人、导演，并询问对方专业上的知识，甚至向他们请教职业生涯上的建议。

这种好奇心带来了预料之外的结果：从他人身上学来的新鲜事物，随后进入了格雷泽的生活与制作的电影中，让他成为一名说故事的高手。对于自己最终获得的成功，他直言：“这多半是好奇心的结果。”

好奇心是一项自带毅力的特质：一个人拥有好奇心时，他总是会表现出毅力，并针对自己想知道的问题主动寻找解答，而且非找到不可。

不过，与专注力相比，好奇心是一个较难判断的多维度概念，而且它是可以伪装的。有些人为了证明自己有好奇心，总是喜欢问各种奇怪的问题。如何辨别你的下属是否在伪装有好奇心？最简单的方法就是，当你看到他喜欢问很多问题，但在他人提出类似问题却明显不耐烦时，你便可以基本断定，他并不是一个真正有好奇心的人，只能说明他是一个“好表现”的人。

下属拥有好奇心的最直接表现是，他们善于询问为什么，并从得到的答案里总结为什么。

有很多下属在做事时会努力追求遵守职场的工作程度与规范和截至时间内完成工作的准确性，但聪明的下属往往会思考流程的合理性，以及是否有更有效的办法、更好的思路。

这些聪明的下属最特别之处就在于，他们除了勤于动手，还勤于询问“为什么”。

第一，他们能够对你交付的工作询问“为什么”。

做好工作当然需要埋头苦干，更需要抬头看路。如果一个下属你让干什么就干什么，却不问所以然，那么，他只能是你值得信任的普通下属，而非值得重用的聪明下属：只有当他发问“为什么”时，他才会开始探究工作的根本，才能在未来不需要你再布置工作，而是自己主动知道什么时候该干什么。

第二，他们能够对当下的执行方式询问“为什么”。

我们公司有一个极善动脑的员工，他在报表设计上极有天赋。每一次我让他帮忙做报表时，他都会问我，报表中哪些项目是最重要的，哪些是次重要的，随后，他会按此来做出一个新的报表模板，供日后再次使用，从而节省了大量的时间。当我提供给他一个现成的模板时，他会询问我“为什么”要使用这一模板，模板是否与当下的情况完全对应，当不对应时，他会进行内容的调整。

这两项内容决定了他必然会受到公司的重视。所以，下属询问“为什么”同时能够思考“是否有更好的办法”，往往是考量其是否聪明的关键。

第三，他们会对事情重要程度询问“为什么”。

管理者最应担忧的是下属在需要花 100 元时找你请示，但在需要花 100 万元的事情上却擅自决定了——这种错误往往发生在“只按流程做事”中：花 100 万元的是流程以内的事情，而花 100 元的是流程以外的事情。

其实，从执行层面来说，下属这样做是正确的：他做好了流程内的工作，但是否有能力将这 100 万元花到点子上才是最重要的。

相比于这些只会执行流程的下属来说，那些真正聪明的下属往往会判断事情的重要性，以及自己对事情的掌控能力：对于在流程以外、对大局影响不大的小事，他们会先做决定；对于超出个人能力范畴的重要事项，他们会先请示再做决定，而不会因为它在流程以内便擅自决定。

聪明下属曾问过或与你探讨过以下几个问题

- 您最希望我做的事情是什么？最不希望我做的事情是什么？
- 对当下的工作，您想投入多少？我能有多少预算？
- 这是我这一阶段的工作重点，我排列的重要顺序是否是你想要的？

一个真正的聪明下属不仅需要是一个拥有高度专注力的执行人才，他除了要高效完成你所交付的任务，还需要拥有极强的好奇心，不断地督促他去审视当下工作中加快工作效率、提升工作质量的关键点。当他能够做到专注于工作，并利用好奇心改进工作时，你应将之纳入可值得重用的人员行列了。

7. 应该纳入智囊团的四类人才

一位出色的管理者身边必然有自己的智囊团：该团队与管理者休戚与共、利害相连。或许团队中人员的职位并不高，甚至没有一个明确的职位，但是，他们却对管理者的决策起着极其重要的积极作用。

对于比尔·盖茨我们都不会陌生，微软在他的带领下，招贤纳士，组建起了一支庞大的科学家队伍。

如今，这支被称为“研究院”的队伍网罗了700多名业内一流研究人才，单是亚洲研究院便有120人。该院在2011—2016年5年间取得了一系列的辉煌成绩，其中包括：

☞ 在国际一流会议与学术刊物上累计发表了近 600 篇专业论文。

☞ 申请了逾百项国际专利。

☞3 项有关多媒体及网络方面的技术成果被国际标准组织所采纳。

亚洲研究院前负责人张亚勤认为，微软的研究院其实是组织内的一种战略投资，它如同为公司购买了保险一样。

在微软，研究院起着“智囊团”的作用，它不仅可推动产品研发，同时还是新产品的孵化器。比如，Windows CE（微软为嵌入式设备打造的操作系统）概念便是由研究院于 1994 年在国际上首先提出的。

在亚洲研究院最初成立时，微软总部曾许诺，对该院未来 6 年内投资 8000 万美元，而事实上，到第四年时，微软对其的投资便已超过 8000 万美元。

可以说，对比尔 · 盖茨成为 21 世纪杰出的领导者与企业家这件事来说，研究院里所有科学家所起的作用毋庸置疑：他们或有勇气，敢于挑战最高端的技术；或有谋略，善于分析投资与战略。总之，有了他们，比尔 · 盖茨与微软才得以在 IT 技术飞速发展的 21 世纪成为无法被忽略的存在。

其实，不仅仅是微软，国外的谷歌、亚马逊、星巴克、索尼，国内的阿里巴巴、网易、万达等著名企业皆有自己的智囊团。对于管理者而言，你或许并未意识到智囊团所带来的积极作用：他们在实践过程中利用自己的知识经验为管理者出谋划策，对管理者做好本职工作起到了积极作用。

国际顶级高管寻访公司亿康先达国际公司的合伙人克劳迪奥 · 费尔南德斯 · 阿劳斯以自己为全球 2 万多名高管进行过猎才行动为基础，指出这些高管之所以能够在他们所在的公司里呼风唤雨、成为不可或缺的存在，关键就在于他们大多拥有自己的智囊团。阿劳斯直言，现代智囊团已成为管理者从多角度探讨问题、发挥集体智慧的关键所在。

对于如何甄选自己的智囊团这一问题，阿劳斯提出了自己的建议：首先寻找并纳入四类人才。

能正确提反对意见的人

比尔·盖茨还在任上时，与他讨论问题，如果你因为坚持自己的意见而变得嗓门比他还大，你就会被授予一枚荣誉奖章，微软将这种“敢唱反调的人”视为团队内建设性意见的最重要来源。

不过，你所需要的并不是“为了反对而反对”的人，而是那些敢于面对权威说真话的人。这就意味着你需要拥有一定的辨别力，鉴定对方是否真的有纳入智囊团的价值。

你的下属敢于向你提出反对意见时，你应从两方面考量一下。

① 对方调查、分析了吗？

考察、分析是一个具体的求证过程，若对他人观点持以否定意见的人未经过这两个步骤便大谈特谈自我看法，那么，即使对方的专业能力再强，也很难得出有利于决策的客观结论。

② 对方的同理心很强吗？

同理心在大多数情况下都属于积极能力，但在提出反对意见时，它却会形成阻碍。同理心过强的人最有可能妥协，在利益或权力的作用下，他们的换位思考能力往往会让他们比一般人更快地接受原本并不合理的假设。

唯有当对方同时满足了善于调查分析、敢于坚持自我意见两方面的特点时，你才能考虑将其纳入智囊团。

拥有极强专业能力的人

一旦你的智囊团拥有了专业人才，在遇到无法解决的专业难题或者涉及专业上的决策时，你就能获得更有针对性的建议。

何谓“真正的专业”？根据国内外专家的共同说法，专业人才往往拥有下述特点。

专业人才

- 熟练掌握专门知识技术，并拥有出色的操作技能。
- 总是使用更有效率的方法处理事情。
- 能融入团队，拥有合作精神。
- 有接受他人意见的雅量。
- 对自我工作上接触到的事务，会想办法用心学习。
- 自我期许高，总是自动自发地完成一些事情。

由上可知，“专业人才”不仅需要专业的技术，更需要拥有专业的态度：很少有人因为文件整理得更整齐，或者阅读、打字、看网页比一般人快被认为是“专业者”，专业的相反词并非“非专业”，而是“技术人才”：“技术人才”或许拥有高超的技术，但只有当他们拥有专业的态度时，才能成为值得信赖的人才。

支持你的人

支持者应该被纳入智囊团的关键在于，他们可以带给整个团队正面的能量，他们对你的支持态度决定了他们会与你共同面对各种难题。特别是当你的管理面临挫折、挑战、阻碍与变动时，智囊团中的其他角色可能会因为你手中的权威受到挑战而不再愿意追随你，但支持者的存在却可以提醒他们：现在做出“叛变”的决定是愚蠢且错误的。

值得一提的是，支持者通常是追随你多年的老部下，他们与你性格相近，处理问题时采用的方法相同。正是因为这种人格层次上的相同造成了对方可以从精神层面上认可你、成为你坚强的后盾。

培养忠诚的支持者是一件非常困难的事情，它往往需要长时间的相处与信任，但对你的管理而言，一个甚至多个支持者会对你的管理工作产生极大的助力。因此，你应立即审视自己的智囊团：你有支持者吗？如果没有，现在就是培养此类人才的最好时机。

善于合作的协调者

你的智囊团其实也是一个小型的社交团体，其中作为润滑剂出现的协调者必不可少：智囊团内部出现矛盾时，协调者将会站出来，发挥他们在个性或能力上的作用，替你协调内部的不满。

协调者之所以对你的智囊团至关重要，关键就在于他们所拥有的出色控制力：他们往往自信而成熟，且善于信任他人，并能够在团队内很快发现各个成员的优势，从而在后续的合作中为了实现目标而妥善地运用各方面力量。

如果你在看完这四类人才后，脑海中已经浮现出与它们相关的各个名字，那么，恭喜你：你的智囊团已初具雏形。当然，若名单还不完整，你也无须着急：如今，你已经意识到智囊团的重要性，并知晓了它的组成部分，从现在开始，在管理过程中逐渐寻觅这四类人才即可。

3

CHAPTER

气场：下属为什么要追随你

想将下属培养成你，你就必须思考这样一个问题：下属凭什么追随你？管理者若想让自己的职责与权限发挥最大作用，使自己在培养下属时拥有足够的影响力，就必须从专业、管理、个人魅力等方面入手，塑造出独属自己的气场影响力，从而为下属树立起一种看得到、可模仿的标杆。

1. 管理者三律：理性，理性，再理性

美国著名管理咨询公司兰德公司曾经展开这样一项调查，他们向一些企业的高管提出如下三个问题：

“每天你最重要的工作是什么？”

“你每天在哪些方面花费的时间最多？”

“在履行工作职责时，你感觉最困难的事情是什么？”

结果，九成以上的管理者对这三个问题的回答都是“决策”。决策在管理工作中所占据的重要性由此可见一斑。

主持该调查的执行顾问马利奥 · 波尔曾言：“世界上每 1000 家因经营

不善而倒闭的企业里，有高达 85% 是因为管理者决策不慎造成的。一人一事系于整体，每招每策皆与全局息息相关。”

这并非波尔的独断之言。一份来自美国《财富》杂志的名单显示，在 20 世纪中期曾被列入“全球 500 强”的企业中，如今，只有不到 1/3 还在持续经营。也就是说，当时的 500 强企业里，现在只有 100 多家还在存活，而其余的大多数都已破产倒闭，或者被其他企业所兼并，这些企业的失败大多是因为管理者决策失误造成的。

一名管理者最能吸引下属的关键之处在哪里？通过明智的决策将团队带向盈利。可与此对应的事实是，决策失误是管理者最容易出现的问题。另一个有关决策的事实是，我国本土管理者出现决策失误的概率要比世界平均水平更高。著名管理咨询公司麦肯锡在 2015 年针对 3000 多位中国企业管理者进行调查，得出如下结果：46.3% 以上的企业管理者认为，自己在管理过程中曾经轻率地做出决策。

可以说，理性管理是一名优秀管理者最起码的特征：只有管理者具备了足够的理性后，才可以看到团队内的哪些行为是正确的，哪些行为是错误的；才能明白哪些行为应职业化，哪些行为是非职业化的；哪些是应该持续推广的，哪些是应该坚决摒弃的。

如何在管理过程中保持理性？如何让自己的决策更依赖于理智而非情感？这就需要我们理解决策与管理过程的根本目的：在决策与管理过程中，通过理性思维的协助，减少不确定性及不确定的概率，以降低危险及危险所造成的损害。

平衡风险与回报

人们对风险与回报存在着误解：随着风险增加，回报会上升。可事实上，这是一个过于简单且极其糟糕的言论：风险越高，回报越高，这样的说法是不成立的。更好的说法是，看似风险较大的投资，必须表现出它更有可能带来更高回报，否则人们便不会投资。

这其实也是管理者面临风险时应考虑的问题：风险较大其实不仅仅意味着预期回报会更高，同时意味着失败时结果更糟糕。因此，你发现自己在一件事情上的选择面临较大风险时，应该考虑的便不再是风险与回报之间的平衡，而是要去思考："若此选择失败，那么我与团队是否能承受更糟的结果甚至是血本无归的可能性？"

比如，你在率领团队进军某一崭新领域时，你所得到的回报可能是200%；若创业失败，那么你与团队可能都面临着被公司辞退的下场——此时，若你与团队赖以生存的根本就是这份工作，那么你面临的风险便会极大，而失败给你、给你的团队所带来的打击也将比其他拥有更多选择的人更大。

当你想明白了这一答案时，你在面临风险时才能做出更有利于自己的决策。

从第三人称视角，对事情的本质进行探究

你可以将第三人称视角认为是创造自己的分身，更好的说法是扮作上帝，脱离自我的束缚，从而客观地审视自我行为。

比如，你在与人事相关的决策中表现出对某人的敌视时，你便需要反思："为什么我会如此反感他？"此时，你内心的第一反应往往是列举对方的缺点与不足。可是，跳出自身的情绪防御，你很可能会意识到，看对方不顺眼，或许只是因为对方表现出了你难以驾驭的优秀，使你感受到了来自基层的威胁而已。

不过，大多数的自我剖析其实都相当于对自身正面的攻击，其过程并不愉快。可恰恰是这样一个去感性化的过程，让你能够看到自己的非理智之处。

利用 3M 法修正偏见

想要变得理性，我们首先要做的一件事就是让自己远离偏见：偏见往往是导致个人思想走向歧路的关键。3M 反思法是一个很有力的工具。

当我们陷入某些思维陷阱以后，可以尝试着从以下三个角度来反思一下，看看自己是不是产生了某些偏见。

◆ Magnifying：夸大

"我有没有夸大某些事实？"比如，一次工作失误，就将自己认定为"笨蛋"，但事实上，只要总结失误，导致失误的问题便不会再犯。

◆ Minimizing：极小化

"我是否陷入了隧道化的视野，只看到事物的一小部分？"比如，你举办了一场讲座，有多达 200 人参加，不过有 10 个人睡着了，你因此而认定自己讲得无聊、差劲，却忽略了这 10 个人很可能是因为前一天加班导致的精力不足。

◆ Making up：编造

我是否编造了某些事实？"之所以这次谈判没有成功，只是因为在参加谈判前没有祈祷。"这样的想法便属于为失败编造事实了。

立足怀疑态度，去听自己不愿意听的话

你可能并未意识到自己在管理职位上形成的"证实偏差"：我们听到的往往是自己想听的话，特别是在手中握有权力时，我们更会有意无意地忽视自己不想听、不想正视的事实，而只注重那些可以支撑自我观点的信息。

比如，当你深信只有分配给基层经销商高额的销售任务，他们才会有

充分的动力去完成这些任务时，即便你的下属将大量反对此举的证据整理好、摆在你的面前，对你决策所起的作用也比较有限。

在这种时候，你应该学会询问自己：“我是真的想要寻找信息做出一个全面考量的决策呢，还是仅仅寻找信息来支持我想要做的事情？”如果是前者，那么，你就应该有目的地寻找非证实性信息，这就意味着你要准备好听到一些你不想听的话。

如果你能够在日常管理过程中保持怀疑的态度，将会对你培养理性管理极有帮助：你应训练自己，常常去挑战那些自己最钟爱的观念。就如同辩方律师寻找证据来证实原告的观点一样，你要思考为什么你的观点可能是错的，然后积极地搜寻可能存在的证据来证明它们确实不对。

唯有当你做到了上述内容时，你才能使自己的管理、决策过程减少感性的左右。也只有管理者实现了理性，理性，再理性以后，才能从真正意义上促使团队按着“前进”而非“倒退”的轨道行驶。

2．多维度展示困境引导力

不管是组织、企业还是个人，随时都有可能陷入举步维艰的困境之中。一如沃顿危机管理专家诺曼·奥古斯丁所说的：“世界上不存在神奇的应急专线，让你一通电话就可以摆脱困境。如果陷入困境之中，那么你必须自己走出来。规则就是这么简单，没有其他可以反向操作的方式。”

对于如何处理困境，股神巴菲特有一番中肯且务实的建议：“做得正确，做得迅速，快速抽身，解决问题。”这正是他处理美国所罗门兄弟资产管理公司危机的方式。

1991年，以做债券起家的所罗门兄弟资产管理公司濒临破产危机。为了挽救这个曾是世界上最赚钱的固定收益产品，巴菲特临危受命。他果断地出手，其所采取的措施包括解雇公司内无能的高级主管，取消内部高层人士的高规格、非常规待遇，在国会作证，说明所罗门公司将改正犯过的错误，并且在著名的《华尔街日报》上刊登全版广告以挽回商誉。

同时，在给员工的一封公开信中，巴菲特展示了自己无比的决心，他宣示“我们要以最好的方式做最好的事情”，以让这家曾经优秀的公司摆脱困境，重新走向辉煌。

得益于他的大力改革，一年以后，所罗门兄弟资产管理公司的业务恢复正常。此时，巴菲特卸下了自己临时董事长的职务，通过此次危机事件，在公司内部，巴菲特已成为“英明领导人”的典型代表。

在事关组织或团队生存的关键时刻，大家会将沉重的压力放在管理者身上，期待身为主管的你可以表现出权威而有把握的样子。此时，如何消除众人的焦虑，将他们引上安心工作的正常轨道，成为你证实自我管理能力的重要渠道。

一旦情况变得糟糕，管理者往往会面临两大方面的问题：如何让问题真相不被掩盖？如何在不掩盖真相的情况下安抚人心？面对这两大问题，管理者最应向前人借鉴他们在处理不同情况时的经验，并在自己身陷困境之时有效引入这些不同维度的经验。

立足一维，到现场去看看真实的问题是什么

如今，大多数管理者将自己的工作范围定义在“办公桌前”，他们忙着在不同的会议间奔波，忙着在电脑前编制各种各样的文件、批阅种种报表。这种远离现场的工作方式导致了管理的失焦：一旦出现问题，管理者可能连问题到底是怎么出现的都不知道。

最近，我观看电视时，看到国内某个林场创造了新的治沙经验。该沙场年年种树、年年失败，树都种不活，防沙工作自然也难谈成功。后来，林场请来了科学家，这些科学家来到现场，观察了林场工人的作业，发现他们只是简单地在沙地上铺上草而已——草如此之轻，自然难防沙场凛冽的大风。

随后，科学家们与工人一起将草打碎后，与沙土混合，做成了不同规格的格子。此时，奇迹出现了：风暴来时，沙子没有被吹走。有了信心的人们继续尝试，并最终发现，1 米乘 1 米的格子最能固沙。于是，这一方法被作为新的治沙经验推广开来。

若科学家们只知在办公桌前思考，恐怕这一方法不会被发现。

其实，管理界中早有"到现场去看看"的经验存在：丰田集团鼓励所有的管理者每周都要到一线基层去看一看；沃尔玛集团也号召管理者走出办公室，到超市内去发现顾客的需求。所以，当你发现某一事件开始变得糟糕时，不要待在办公桌前思考怎样才能解决问题——到问题发生的一线去看一看，去问一下经历问题的员工，真诚地向他们询问与求助，他们会告诉你很多对解决问题有帮助的内容。

强调二维，建立积极的沟通氛围

光是走到现场并不够，如果你想真正地了解真相，你就需要与团队进行真挚的沟通。

我曾经看到一位管理者冲着自己的下属发火，因为问题出现了，但对方进行汇报时不仅重点不清，而且应对措施不明。这位管理者有意见没有错，对方的确没有讲好，但来自上司的愤怒使这位本就心怀愧疚的下属更不自信了，在接下来的对话中，他全然失去了理智，只是试图证明，并不是自己导致了问题。

其实，为什么不能换一种表达方式？在我看来，这位愤怒的管理者完全可以先平静下来，然后，换一种方式来说："你看，你现在讲的重点不是一两个，而是有八个之多！我听得有些迷糊了。现在，让我们更专业一点——你能不能再想一下，你想说的到底是什么？这样，我们就能围绕重点来讨论了。"

毕竟问题已经摆在了面前，愤怒除了让对方恐惧、反感以外，对你率领团队走出困境毫无帮助。

有些管理者则在建立积极沟通氛围时做得更好。我们合作的一位总经理因为下属的策划方案远超出了预算而不满，遇到这种情况，大部分管理者都会有情绪，不过，他处理得很好："各位，这组方案会让我们下半年都失去自己应得的奖金与福利。"他的话让原本紧张的会议氛围一下子放松起来。

然后，他又说道："有关未来的预算，是我们一起通过的，这是没办法修改的。不过，如果你们愿意的话，可以和我说说，为什么在现有预算的情况下，无法做好这个项目。然后，我们一起来想想办法。"

看，寥寥数语，他便明确了问题、提出了解决问题的措施，并表明了自己愿意提供帮助的意愿——建立积极氛围就是这样简单。

细化三维，进行彻底的事后分析

大多数团队走出困境后，在对失败进行总结时，总会陷入负面的氛围中，以相互指责、相互抱怨让总结陷入尴尬境地，而这种负面的总结是最影响团队士气的。

往日里，笔者在率领团队进行失败分析时，也多会陷入此类情绪之中无法自拔，最近看到一档节目，其中，企业家马云的一席话带给了我极大

的启示 ：“胜利的团队要思考我们的胜利侥幸在哪里，失败的团队也要思考我们哪里做好了下次就会赢。”

如何进行事后分析？马云先生给出了最好的回答。这就意味着，与相互责怪相比，着重于分析哪些地方能够改进，对于团队成长更有意义。

我们可以先来看一下错误的做法。

管理者 ：“A，为什么你这一次将数据发错了，直接导致后期生产数据与销售数据不匹配，致使财务部门对成本计算错误？”

A ：“这是因为生产部门提供了错误的生产数据，而且负责数据审核的人员也没有做好他的工作。”

这样的事后分析并不是以预防错误再出现为出发点的，因此，“分析会”总会变成“相互批判会”，而各个成员的注意力也被如何推诿责任、如何发泄不满所吸引。

相比之下，更好的做法是，在进行事后分析时，将注意力与分析重点放在如何改进工作上，只简单扼要地提出问题，而不强调责任人是谁、影响如何。比如 ：“在上一次的项目动作中，我们发现了一些日后需要改进的地方，大家可以一起讨论一下，怎样做得更好。”然后，提出问题 ：如何提升不同部门间人员协作时的准确度？如何提升数据审核过程中的准确性？对于这些问题，最终都要有具体的改进方案。

当你想要在团队或组织内展示出自己的影响力时，意外的发生无疑是令人遗憾的。如果你不是一味地责备下属才是那个使意外产生的原因，而是从糟糕里找出可以实现更好进化的借力点，那么，你与下属的共同进化会更顺利。由此看来，倾听、讨论、不指责地分析，做好这三大维度上的内容，的确是让你在困境之中依然能够有效影响下属的关键性要素。

3．高情商＝高魅力

在管理者素质中，智商是基础，情商是升华。管理者所处的位置越高，情商所发挥的作用就越大。那些真正的成功者大多拥有一种凝聚众人的超凡能力，他们将来自不同年龄、不同经历、不同背景的人凝聚在一起，建立共识、统一行动，这本身就是一件非常了不起的事情。

不过，有很多管理者并不知道如何才能在团队管理过程中正确地展示自己的高情商。笔者的客户 A 便是此类管理者中的代表人物。

3 年前，A 便自主创业了。为人聪慧的她在团队管理过程中展示出了自己明智、亲和的一面，再加上极善运用双赢之道，所以，她所率领的团队总是可以高效配合。在普通人看来，这便是所谓的高情商管理者的魅力：通过较好的人际引导能力换取较少的对抗。

可在 3 年后的今日，她来到我的公司求助。此时的她看起来显得格外艰难：她被过多地纠缠于员工的琐碎小事之中。因为心软，对于那些绩效表现不佳的员工，她也未能及时地规范或者辞退他们，这使公司的业绩频频下滑至新低。

如今，她的确得到了员工的敬仰，同时也将公司推向了危机的边缘。这让她非常困惑。

后来，经过我们的指导，她改变了。如今的她已经变成一个既强硬又有人情味的领导："现在，我早已不在乎他们是不是喜欢我。我是掌权的那个人，他们必须知道这一点。我现在只在乎一件事情，那就是我的公司要生存下来！"

这位客户的例子似乎在暗示我们：为了生存与成功，你必须尝试着更强硬一些。只有当你在管理过程中足够强硬时，你才能更好地为团队的发展添砖加瓦。

然而，这并不意味着情商的作用就应该被忽略。事实上，A 遭遇的管理失败并不是因为她太过重视情商，而是因为她搞错了管理者展示情商的正确方式。

展示高情商是否与建立权威、展示影响力相背离？当然不是，你可以在拥有吸引他人的魅力的同时拥有高情商。

先与下属保持距离

明尼苏达大学心理学家马克 · 斯奈德将领导者分为两大心理类型："高自我监控者"与"低自我监控者"。

"自我监控"是一种能力指向，指的是，个人能够根据外部情境的变化来调整自我行为。在这一指向下，"高自我监控者"就像变色龙一样，他们能够根据所处情境、形势的变化来调整自我行为，而这些调整性行为都是因其注重个人管理形象而自发产生的。换句话来说，他们的行为并非伪装，而是自然而然地产生的。当然，与变色龙在遇到某些危险情境时变色一样，高自我监控者也会在遇到难以掌控的情境时虚张声势，以此来掩饰脆弱与不足等自身弱点。

相比之下，"低自我监控者"更忠于自我，他们乐于表达真实的想法与情感，即便在情势不利的情况下也是如何。他们固守让自己与他人舒服的行为方式，而无法随着环境的变化来调整自我管理风险，以适应新的工作要求。

我的客户 A 便是在这种不自觉间踏入管理陷阱的：为了拉近与下属的关系，她过多地向下属展示了自己柔软的内心，而这种脆弱很容易被下属反影响——当下属向你展示他所谓的不幸，以逃避自身需要肩负的责任时，你很难不接受；否则，你的管理权威便会受到质疑。

这就涉及管理者情商的关键内容：如何在率领团队的过程中把握距离

与亲和感的平衡。

有关这一点，我们可以参考斯坦福大学管理心理学家黛博拉·格伦菲尔德的研究结果：管理者需要在“高自我监控者”与“低自我监控者”之间取得平衡，以协调权威感与亲和感之间的张力。

为了树立权威，管理者需要凸显自身的技能、经验与知识，并与下属保持适当的距离。

为了培养亲和力，管理者需要主动与下属建立起关系，尊重他们的工作方式与个性，在做事时要有人情味与同理心。

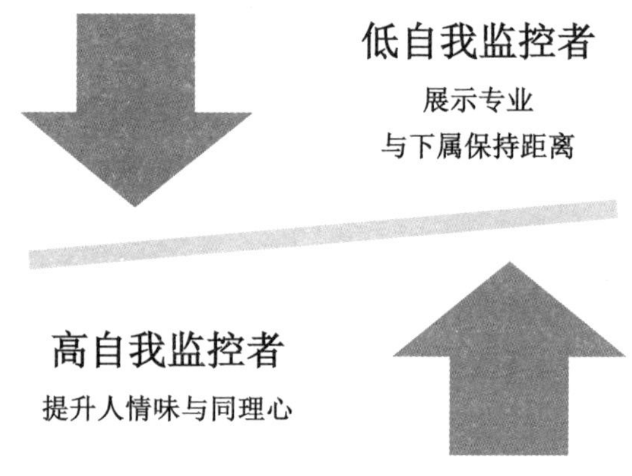

一味追求高情商的管理者很容易走极端，难以在这种张力中保持平衡。A 在管理团队时便表现得过于亲切，在不可商议的绩效、规则等方面表现出了软弱的一面，而这些严重损害了她的地位与工作效率。

尝试着去推销理念与自我推销

从有好的理念到说服各个利益相关方接受你的想法，这是管理者能力提升、展示影响力的重要步骤。很多影响力不足的管理者却忽视了这一点，他们片面地以为，高情商就是体恤他人观念、尊重他人看法，甚至将向上推销也视为不耻的游说行为，认为这是虚伪造作、拉帮结派——在他们看来，自己完全可以使用业绩与实力说话。

如果你想在“管理者”位置上坐得更久、走得更远，你就必须意识到：你的高情商并不仅仅体现在体恤下属上，更体现在让下属看到你同样有能力影响上级。如果你不懂得更好地推销自己与团队，那么，你们的好想法与巨大潜力便极有可能被埋没。

用推销的方法增加职业发展的可能性，扩大自己的接触面与影响力，这并不是我们在追求一己私利，而是个人与团队、组织的三赢。如果不能意识到这一点，你便无法真诚地向那些如你的顶头上司一类更有影响力的人物自荐，更不能带领团队看到更多的机遇，而后者恰恰是你用情商产出更多魅力的最积极因素。

恰当地处理负面反馈

管理界处理负面反馈非常不力的一个案例来自玛格丽特 · 撒切尔。曾与这位英国前首相共事的人都了解，若下属不与她一样，保持做事节奏上的一致，绝对会受到残酷的对待：他将被撒切尔夫人公开地羞辱。

这位以“铁娘子”形象闻名于世的女政治家出名地不善于倾听，同时相信妥协就是懦弱。她坚持自己的强硬风格，更善于利用意志与话语让他人服软，且在执政后期越来越精于此道。不过，她也因此付出了代价：最终被自己的内阁所抛弃。

如果你不想让自己被下属否定与抛弃，你便不要犯下这样的错误：过度强硬与过度软弱一样，都是面对负面反馈时的不恰当态度。

你应清晰地意识到，负面反馈是你展示情商、增强魅力的最佳渠道——向某位下属提出负面反馈、向一名工作不得力的员工发出警告，甚至不得不裁掉那位业绩连续半年不达标的下属，这些都是带有强烈情绪的场景，如果你能够通过有效的情绪引导方式与巧妙的语言来恰当地处理它们，它们便能够更有效地增强而非削弱你的气场。

积极借鉴不同的管理风格

如果你发现自己当下的管理风格并未帮助你增加声誉，你便应该考虑尝试通过学习建立起灵活的自我认知了，比如，去借鉴那些成功者的管理风格。

学习他人的过程大多包含了模仿行为，管理者获得影响力提升的一个重要条件是意识到高情商或高魅力并非是一种单纯的内在状态，而是对不同管理方式兼收并蓄、建立起自我风格的过程。

按著名剧作家威尔逊 · 米斯纳的说法：如果说抄一个人是剽窃，那么抄很多人便是在研究。因此，你应该学着去模仿多位优秀的管理者，看看他们在你感觉难堪或者无法驾驭的场景下是如何做的，比如：

☞ 他们是怎样在过于严肃的会议上用幽默缓解气氛的？

☞ 在出现分歧的时候，他们是如何巧妙引导达成共识的？

☞ 他们是怎样在找到有效解决问题的方法以前率领团队进行大胆尝试的？

当然，你也可以直接向他们发问——大部分人都愿意担任同僚的导师，只要你言语与态度恰当，他们肯定会乐于私下传授经验。

可能之前无数专家与书籍都在告诉你，高情商就意味着理解下属、站在下属的角度看问题，可真正拥有魅力且强有力的管理者并不会只做这些：你的情商必须为你的管理所用，并产生积极效用。只有你的情商能够转化为下属可见的效益、可感受的权威时，你才能真正地对他们形成有效的影响力。

4. 专业才能让下属心服口服

很多时候，管理者会认为，个人专业能力对管理工作的开展并没有太大影响，毕竟技术能力并不代表人际能力，而后者是管理能力的关键。不过，一项涵盖欧美管理界 8 万人的最新研究显示，上司是否是组织核心业务领域的专家会对下属的工作满意度产生极大的影响。

研究者提出了三个问题：管理者在必要时是否能够承担下属的工作？管理者是否因为工作优秀而得到了晋升？下属应怎样评价管理者的技术能力？通过这三个问题的回答，研究者发现，人们被那些真正拥有专业技能的人领导时，他们对组织、管理者的满意度高出很多。

其实，这样的现实案例也有很多。比尔·盖茨之所以能够创造微软帝国，靠的不仅仅是他的管理天分——事实上，他手下的那些设计与编程天才之所以敬佩他、追随他，是因为比尔·盖茨本身就拥有值得他们仰慕的专业能力。

在哈佛读大二时，比尔·盖茨设计出一种微软的算法。他从哈佛辍学后，此文署上他老师的名字，发表到编程领域的顶级期刊《离散数学》上。当时，大部分博士生即便毕业了，也无法发表出这种水平的文章。

另一个有关比尔·盖茨出色专业能力的证明是苹果公司。苹果公司在设计 Apple Ⅱ的时候自带 BASIC 解释器，当时，该解释器由另一个硅谷少有的天才制造而成。乔布斯因为设计理念的原因，请其加上一个特定的程序，可对方由于坚持自我设计而不肯变通。最终，无计可施的乔布斯只能求助于另一个也是最后一个能够做出该程序的程序员——比尔·盖茨。

如果你真的想在下属面前拥有强大气场，你就必须意识到，你的专业能力是建立气场的重要因素。这种专业塑造影响力的现实案例有很多，仅在中国大型公司管理者中，李彦宏是博士辍学，张朝阳是 MIT 博士，阿北是博士，雷军、周鸿祎甚至史玉柱，他们本身都是在自我专业能力上表现出色的人。

这便印证了我们对于“管理人士专业力”的一个新认知：情商与组织能力很重要，但专业技能可以带给管理者至关重要的可信度：医院的管理者应该是医生，大学领导者应该是出色的研究人员，软件公司的老板应该是电脑高手，他们都不该是常见的一般行政人员。事实上，管理者的技术水平越高，员工的工作满意度也就越高，而产生这一现象的根本原因在于影响力的结构构成。

了解两类影响力

哈佛影响力与战略扩张专家克里斯 · 祖克根据影响力的性质，将它分为两种。

◆ 强制性影响力

也称“权力性影响力”，它并非人人都有，而是因在社会、组织中担任某一职务获得的影响力。在公司里，它属于管理者；在军队里，它属于军官；在家庭中，它属于家长。总之，它通常属于职位与权力的所有者。

◆ 自然性影响力

祖克先生将之称为“非权力性影响力”，“它并非外界赋予的惩罚或奖励他人的手段，而是产生于个人自身的因素”。它往往由于个人拥有良好的表现而受到他人的敬佩，并依靠自己的以身作则与威信来影响他人，从而构建起个人权力基础。

这也是生活中常见的现象：一位知识渊博、待人可亲的人，他所说的话别人往往能听得进去；在工厂基层中，一位受人尊敬的老师傅的话有时候比管理者的话还有用，其原因就在于，他自身的因素所造成的自然影响力拥有较大的信服性。

一般认为，构成自然影响力的基础有两个来源：个人专长与个人品质。有关于后者，我们稍后会有所论述。仅从个人专长来说，它是构成自然影响力的重要所在：一个拥有专长的人对他人所产生的心理与行为影响是自然的，是建立在令人感觉是“对的”、是“应该的”，即敬佩与信服基础之上的。它并未在心理上形成压力，而是通过潜移默化式的自然过程转变成他人的内驱力，令其自愿、主动地信任、服从于你。

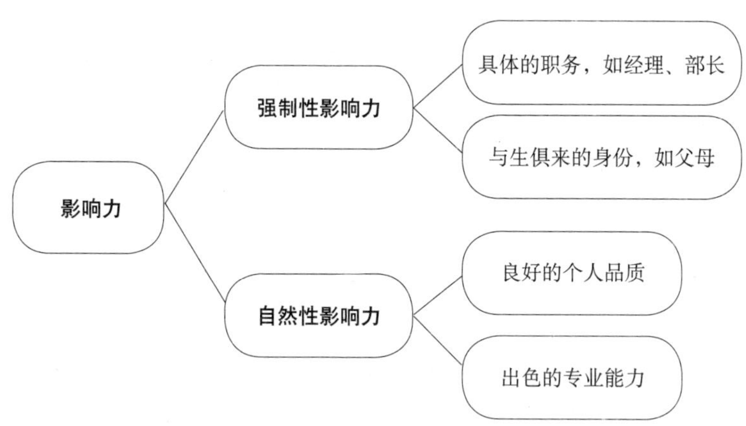

一个拥有相当知识、技能或才干的人，往往能够在展示个人能力以后获得他人的信任与信服。从一定意义上来说，由专长所构成的自然影响力作用最大，对人产生的心理影响最自然，也最不可抗拒，由它所带来的权力基础也最为深厚。不过，大部分人并不具备这种依赖于个人专长而获得的影响力。

如何才能通过日常工作建立起此类影响力？这就需要你根据能力提升，找准专长的培养方法。

立足盲点与潜能，让自己做得更好

“约哈利窗”是祖克先生常向学生宣传的一种能力。这一理论将人的行为与心理特质分为四个方向。

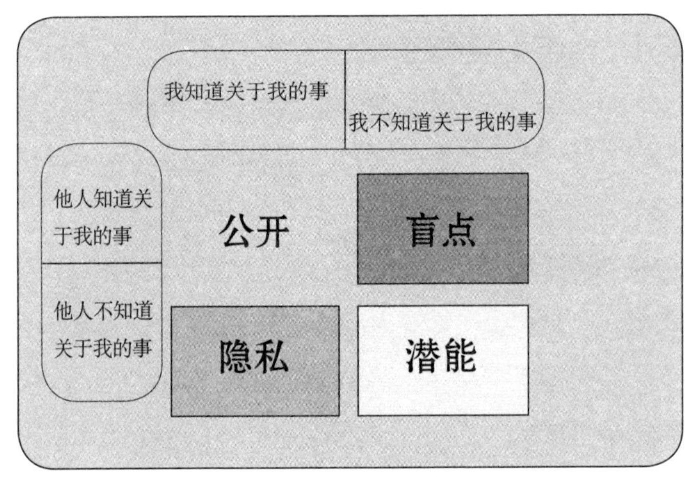

约哈利窗的四个方向

从上图可以看出有关信息的两点内容。

☞ 他人知道，自己也知道的事情，属于公开的东西。

☞ 他人不知道，自己知道的事情，属于隐私。

这是两个较好理解的信息范畴，无须多言。对于大部分人而言，让自己变得更出色的重点在于以下两个方面。

◆ 他人知道，自己不知道的事情：打开个人盲点

最简单的例子就是，在参加健身时，由于健身教练在专业健身方面的技能比我们好，在训练过程中，他会不断地指出你在哪些方面做得不够好，你才会知道自己要纠正哪些动作、哪块肌肉需要发力、哪里可以继续依循往日的锻炼方式。若没有了教练的指导，这些问题你可能一时半会儿

很难发现，甚至可能永远都发现不了。

因此，你应从下属的不断回应中了解自己的优缺点，从而让自己做得更好。当你同时表现出了专业与愿意倾听下属意见的特质以后，下属便会越来越尊重优秀的你。

◆ 他人与自己都不知道的事情：提升个人潜能

潜能往往是自我最能挖掘的能力，正如祖克先生所说，这恰恰也是个人能力获得质的飞跃的关键点：此类潜能多以盲点形式出现，对个人而言，你或许已经表现出了某一方面的能力，但自己却往往并不知道自己可以做到，并有可能认为，自己根本不可能做到。

就好像一个恐惧在公众面前演讲的人一样："公开演讲"就是你的能力盲点，但你在私下朋友面前的高谈阔论其实已经表现出你有"公开演讲"的潜能，因为自我局限，你认定自己无法公开演讲。

盲点是否能够成为个人能力的飞跃点，要点在于个人是否能够逼迫自己去挑战：若你希望自己能够掌握"公开演讲"这种能力，并不断地在舒适区内尝试，那么，这一潜能最终将发展成你的优势能力。

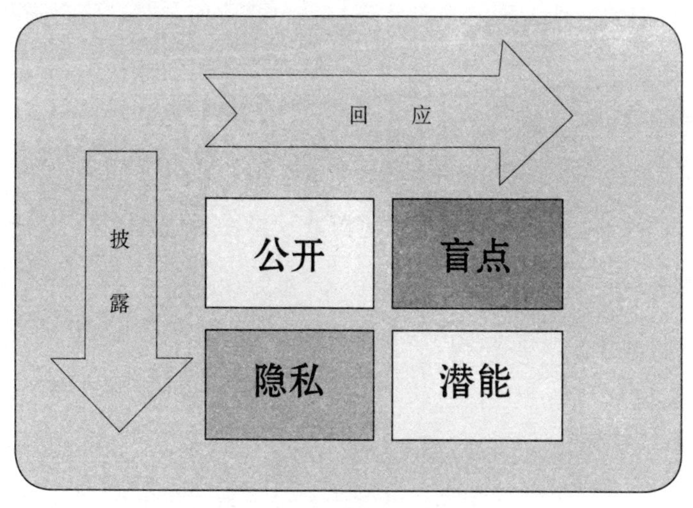

四个方向应有的应对举措

实现“约哈利窗”理论最大的难度并非看到，而是真正地去做，并且做到。其实很多事情并不带有任何评价色彩，比如，“公众演讲”本身就是一件中立的事情，并不会让自己做了以后会怎样，只是我们为了照顾好自己的情绪，不想紧张，或者说不想让自己害怕，便拒绝了这件事情。

因此，在后天的发展中，如何克服自己的这种过分“照顾自我”的情绪，改变自己的看法，也就成为个人专业能力发展过程中的突破口所在。

可以说，专业能力是管理者在下属心目中建立权威的必要条件：只有当你能够按照自我不足与特点，不断发掘与展示个人长处、暗暗提升不足之处时，你才能够依据自己的能力夯实个人自然影响力的基础。

5. 做一个“有肩膀”的管理者

追求杰出的管理表现的关键在于培养自我价值，并在管理过程中建立起你的责任感。这就如管理学家彼得·德鲁克所说的那样：责任是管理的重任与基础，同时也是下属愿意追随你、乐于追随你的一大原因。

马云能够成为中国当代一流的管理者有其必然性，这种必然性中的一个关键点就在于他在下属面前总是表现出出色的责任感。

马云曾公开表述自己的 CEO 理论：“平时你不是 CEO，只有在两种情况下你才是 CEO，一是在你做决定的时候，二是在你犯错误的时候。CEO 在犯错误的时候要勇于承担责任，而不能说成功的时候就是我一个人的功劳，失败的时候是由于下属的执行力不够。”

在他看来，在中国甚至全球范围内，极少有管理者乐于承担责任，但下属在判断上司是否值得尊重时，一个重要的标准就是“他是不是善于承担责任”。

马云直言，管理者不管是在管理过程中还是在分配任务后，都应明确表示会承担下属所犯错误导致的后果，并汲取教训，以保证日后可以做得更好。在管理阿里巴巴的过程中，马云正是这样做的：他常常会说“我们”做了哪些事情，并强调团队成员的努力；但在反思错误时，他却说“我”错了，独自一人站在团队的前面。这恰恰是阿里巴巴的员工对他心悦诚服的原因之一。

与马云抱有同样认知的还有日本企业家松下幸之助。在松下幸之助看来，身为一名管理者，一定要有担负绝对责任的心理准备。不管你手下的员工是 10 人还是 100 人，就算雇用了 1000 人，管理者都是那个负责的人：“既然你站在了团队最高的位置上，那一切就是你的责任。”

“有肩膀”，懂得承担责任，这是身为管理者的第一要义，人们对管理者最根本的要求就是可以负责。不管你的职位有多高、沟通能力有多强，如果你逃避责任，那么下属很容易将你归为“没有担当”的人。于是，下属不敢信任你，更害怕你哪天犯下错误后将责任推得一干二净，于是以消极工作抵制你、拒绝与你合作，造成管理上的阻碍，而这种情况实则是管理者最该警惕的管理困境。

下属犯下错误时，往往是考验一名管理者是否“有肩膀”的关键时刻。“怎么回事，你怎么会把事情搞成这个样子？”没有“肩膀”的管理者往往会将错误全盘推到下属的身上。正如我们之前所说的，身为管理者，你的重要职责之一就是“承担责任”，因此，在下属犯下错误时，你不应只是愤怒与抱怨，而是要开始立足于自己的角色，思考这样一个问题：“我是否对他的错误有所‘贡献’？”

检讨你自己的角色

下属犯下错误，很可能与管理者的作为相关。管理者变得“有肩膀”的第一步就是先问问自己：“为什么我会把事情变成这个样子？”其间的差异在于：你把自己放在了下属的错误之中，反问自己做了什么事情才导致下属犯了这样的错误。

单纯责怪下属工作没有做好，对你的管理没有任何帮助，因为下属没有做好，就等于你没有做好。现在反思一下：

在开始工作以前，你有没有说清楚自己想要的工作结果是什么？你确保下属理解它们了吗？

你是否关注过下属具体的做事状态，并发现他在做事时无法独力解决的问题，同时及时提供协助？如果因为个人原因，他实在做不好，你是否及时接手，或者将此项工作委派给更合适的人？

换位思考一下：如果你是下属，那么做这件事情不管是精神还是物质，对你是否有好处？做不好是否有你难以承受的风险或坏处？如果答案都是负面的，那你有没有口吐莲花，激励他甘当活雷锋的动力？

管理者的工作并不在于自己将事情做得多出色，而是要引导下属们将事情做到出色。若管理者只知一味地充当“事后诸葛亮”的角色，对那些能力存在不足的下属进行批判，这样的管理者从其所肩负的管理职责来说，其实也是失败者。

避免认知不对等导致的批判式评价

在很多情况下，你的下属没有做到你心目中的“优秀”，或者按着错误的方式工作，多半并不是因为他们能力不足，而是因为他们并不知道，到底工作要做到怎样的状态才能称得上“好”“优秀”。

这也是身份不同、经历与认知不对等所造成的错误：下属眼里做得已经足够“优秀”，在见多识广的管理者眼中可能仅能达到“及格”；而管理者认为的“优秀”，可能是下属在过往的职业生涯中从未见过的风景。

在这种认知不对等的情况下，影响工作结果的不再是能力，而是眼界。

影响眼界的原因有很多，可以是出身、经历，也可以是地理原因等。所以，当你意识到自己与下属之间存在着明显的认知错误时，最好的办法是按照自己的标准真实地做一遍，展示给他看；或者向他展示你过去做的好东西，并告诉他一些做成这些东西的小窍门。

一般情况下，上述行为重复进行两三次并不会浪费你太多精力与时间，但有可能帮助下属成长为你的得力助手。不过，如果在你亲身示范几次后，对方依然做不好，你便可以再次审视：是你教得不对，还是你的下属不喜欢 / 不擅长？是他没有办法理解这种方法或任务吗？

最后的最后，你才能考虑，是不是下属能力不足或者态度不对。

不要轻易让下属背黑锅，即便这真的是他的错

或许下属真的做错了，并导致了很大的问题，如果因此将责任全部归咎到下属身上，绝对会导致你在下属心目中的形象受损：不管犯错的下属是否在平时得到了同事的支持，但当其他下属看到犯错会被如此对待时，他们也会因为角色、位置相同而设身处地地思考，当他们犯错时你是否也会如此残酷地对待他们。

因此，除了那些需要公开斥责的极端案例，最好的做法是在公共场合承担起责任，而将训诫放到私下里。

这也是管理者在培养下属过程中需要谨记的一条管理原则：在公共场合，你越是维护你的下属，你的管理工作与复制人才的目的便越能顺利开展；越是将自己该背的锅丢给你的下属，越损害你在下属面前的信誉。

如果你想建立起自己对下属的强大影响力，拥有使下属愿意追随你的影响力，你就必须重视起勇于承担责任的重要性：这是你身为管理者应有的气度，更是你坐上当前位置时便被赋予的天职。

6. 用听与说找到不满的根源

没有哪个管理者能够真正做到让每个下属都满意，但你依然要进行这种尝试。早在 2014 年，哈佛管理学院的“企业管理细节问题研究”小组便对此做出过研究。他们搜集的证据显示，若管理者过早将那些心怀不满的员工定义为“刺儿头”，并放弃指导他们，那么，这些员工的工作表现将持续下降，直到远低于平均水平。

这样做最大的危害在于，它将让整个组织陷入危险之中：人员流失所造成的成本还是小事，公司承受不必要的商业机密泄露才是最可怕的。因此，你有必要向那些出色的管理者学习一下，看他们是如何应对团队内出现不满的。

万豪国际酒店集团的现任董事长与 CEO 是小马里奥特，这个有着出色管理才能的男人乐于进行走动式管理，平日里，在处理完相应的事务之后，他总是以四处巡视旗下的酒店为自己的最大乐趣。

在某次对旗下的一间酒店进行巡视时，他注意到许多顾客对该餐厅的女服务员的评分都较低。之后，他将酒店经理找来，询问具体原因。此时，经理回答说不知道，但是其肢体语言却处处透露着不安。

小马里奥特并没有放弃，而是接着问出了女服务员的待遇比市场标准低许多的事实。他有些吃惊：员工待遇低导致酒店的服务质量下降，使酒店品牌受到影响，为什么从来没有人向自己提起这件事情呢？经理说，加薪与否需要层层审查，并要在方案递交总公司后再决定，而他并不想提出这样的要求。

对话不过30秒，小马里奥特却发现了三个极为严重的问题。

第一，总公司管得过多。

第二，公司高层对利润的重视超过了对顾客满意度的重视。

第三，酒店经理不敢向上级提出加薪要求，说明他的上级是一个非常糟糕的倾听者。

随后，小马里奥特立即着手将这三个问题一一解决。

有的管理学家认为，这是一个如何更好地做出决策的完美事例，但是小马里奥特认为，除了决策，这更是一个有关沟通的事例。他说：“最后我所做的不过是改变了这位经理什么都不说的习惯，同时告诉他，有人愿意了解他遇到的工作困难，并愿意对他伸手相助。然而，这是他的上级不愿意花费时间去做的事情。”

如今，善于倾听的小马里奥特不仅自己专注于倾听与引导，同时也培养起了整个万豪集团管理层的双向沟通意识。该集团现如今已经进入最具“高瞻远瞩”能力的全球大公司行列，跟IBM、通用电气、迪士尼、花旗银行、索尼等公司站在了一起。

许多管理者不愿意将自己摆在沟通者的位置上，在面对下属的意见、不满时，他们往往会将这种不情愿表现得极为明显。事实上，在很大程度上，管理问题便是沟通问题。据管理学家统计，高达80%以上的管理问题实际上源于沟通不畅。一个不懂得倾听、不善于诉说的管理者自然无法与他人进行顺畅的沟通，从而使管理的效果受到极大的影响。

我们总是可以发现，那些强有力的管理者总是拥有出色的倾听与表达能力，而他们恰当的听与说总会产生恰当而持久的影响力，这种影响力不仅来源于他们在本专业上的突出能力，同时来源于他们个人所具有的个人意见表达与交流方式。在与他们的对话中，他们往往会表现出以下特点。

全程掌握对话方向

由管理者主动发起的工作沟通其实是一种“上对下”式的沟通，这种沟通最大的特点就是管理者很容易走入两种误区：或是过于就事论事，而忘记了大目的；或是把握最终的大目的，却忘记了考虑对方的看法与意见。这两种方式都会导致对话方向出现偏差，令谈话出现冲突，使个人谈话不能控制局势。

所以，在与下属对话、倾听对方的意见表达时，管理者应该保持交流，使自己听到对方的声音，同时也要注意哪些时候你应该插入建议，从而实现自己的管理主张。这种双向对话不仅能够展示出你对下属的尊重与倾听其意见的真诚，同时方便你在下属提出质疑、指责时，用语言为自己或组织的行为做出恰当的辩解。

努力理解下属想要表达什么意思

知道对方真正想说的是什么，你才能知道问题需要如何解决。因此，管理者首先要明白对方想要表达的是什么意思，是对公司的建议还是对某个人的意见，抑或对自我遭遇的不平。

由于每个人的性格都有所不同，所以在表达自我观点时，不同的员工往往会采取不尽相同的方式。比如，性格较内向的员工多会用更委婉、更模糊的说法与用词，想了解此类员工的真实想法，管理者就必须在平日里与之多加沟通，了解对方常用的隐晦说辞，并在听到此类说辞后，与之更深入沟通。

站在下属的立场去理解他的不满

由于所处位置、所肩负的责任不同，下属的一些想法与意见可能会与管理者相异，极端的情况下，甚至下属的想法会与组织的主张、未来贯彻的方向不同。此时，你不应急于与对方进行争论，而应该更加认真地对他的看法进行分析。

☞ 他的看法是如何得来的？

☞ 其他人是否也存在类似的看法？

想更深入地了解这些相异的观点，管理者就必须利用换位思考，站在下属的角度去想问题。这样做的最大好处就在于，你不至于将那些持有不同观点的下属当成敌对者，而是更好地理解他们的想法，从而帮助你注意到之前未曾注意到的问题，并获得解决问题的新启发。

如果在交流的过程中出现了误解，那么你需要让对话重新回归事实：越是持续聚焦于事实，表达会越准确，交流也会越顺畅。这就意味着，当对方阐述了自己的不满以后，你需要对自己了解到的事实进行平静的复述，有误会时，你越是讲述事实中的细节，你的言语便会越少极端情绪。此时，如果你能举一些恰当的例子来证明眼前的问题，则将比直接式的陈述与就事论事更能帮助你赢得下属的认可。

不妄下结论与不妄许承诺

在对方倾诉完之后，你不应轻易地发表自己的看法，很可能眼下的你并没有完全理解下属的谈话，在这种情况下，如果你妄下结论，势必会使对方的情绪受到影响，严重者甚至会对你产生不满。

在一些需要发表个人看法 / 意见的场合里，特别是当这些看法是针对具体事件、敏感事件而发时，管理者更需要保持冷静态度。此时，你应记住：身为管理者，埋怨与牢骚类话语极有可能让你惹上大麻烦。因为不管你对面坐的是谁，身为管理者，你的议论都代表了公司的观点，你必须学会对自己的每一句话负责。

这就意味着，在倾听对方的叙述时，你最好做一些记录，这样做一方面可以表现出你对他的谈话非常重视，另一方面也可以帮助你将一些重要的问题记录下来，以备不时之需。在自己做出承诺之时，最好也进行记录。既然做出了承诺，就应及时兑现；如果暂时无法兑现，应向员工讲明你为何无法兑现，同时告诉对方，你将以怎样的措施代替之前的承诺。

管理者需要注意的是，倾听并不代表你非要认可下属的言语，倾听只是表示你对对方抱以了尊重的态度。每个人都有表达自我想法的权利，每个管理者都希望他人可以认真地倾听自己的讲话，同样，下属也希望自己的声音可以被上级听到。

更进一步来讲，仅仅倾听部分词句并非倾听的全部，真真正正地理解他人想要表达的意思，才是倾听与解决问题的关键。在把握了这种关键以后，你才能知道，针对他所遇到的问题，你需要说什么或者做什么，才能停止他的不满——这才是你花费时间与精力坐下来与下属好好沟通的根本目的。

7. 让你的每句话都产生动力

激励下属可以说是管理者的另一项天职：激励是一种可调动个人主动做事、把事做好的内在驱动力。就如同那句西方谚语："你可以将一匹马拉到河边，但是，你不可能强迫它喝水。”如何让自己的下属愿意“喝水”、愿意做事，这便是管理者在与下属对话过程中最需要注意的关键点。

强生公司作为全球出色的医疗卫生保健品企业，发生过一件至今仍被称为经典危机公关的事情。

1982 年，美国芝加哥地区发生了“泰诺”中毒的事故：这种用于治疗头痛的止痛胶囊导致病人在服用后死于氰中毒，这一死亡数字从最初的 3 人后来被传到 2000 人，一时间，舆论大哗，虽然最终证实，实际因该药死亡的人数为 7 人，但此时负面影响已然形成。

作为公司的主打产品之一，泰诺胶囊为公司创造了高达 4.5 亿美元的销售额。此事一出，强生公司自然损失巨大，原有市场几乎一夜之间失去。面对危机，时任 CEO 的吉姆 · 伯克心痛不已：泰诺是在他主导强生期间生产出来的，对他来说，这不仅是一种药品，更像他的孩子，是他在 20 世纪 70 年代奋斗的产物。

他迫切地想要保护自己的孩子。但眼下，他首先需要稳定军心：团队因危机的突发已人心涣散，不少高级研究人员准备出走。伯克对此的做法是直言自己对危机的看法，同时暗示他们站在同一条战线之上：“在这场突然发生的危机面前，我们是一个一荣俱荣的整体，我们要共同渡过这个难关。”

对外时，伯克则强调：“强生从来不会逃避自己应负的责任，过去不会，现在不会，将来更不会。”配合强生公司当时全力推进的药品召回行动，公众开始选择相信强生。

在伯克的号召与信任之下，整个管理层此后以饱满的精神带领员工开展正常的工作。而面对外界时，伯克也让管理者协助警方进行全面调查，回收已出售的药片，同时向相关医药行业发出警告。

最终，警方的调查结果显示，有高智商犯罪分子故意在泰诺胶囊里放入了氰化物，强生公司是无辜的。此时，伯克松了一口气。在接下来的公司会议上，他再次强调了自己对团队的信任："我们一起熬过了公司成立以来最困难的时期，我不得不说，你们是我所能拥有的最出色的人才。现在，让我们再次一起努力，振奋我们的市场吧！"

由于伯克在"泰诺事件"后利用语言发挥的一系列影响力，使得强生公司内部没有分崩离析，反而上下齐心，渡过了这次可怕的危机，并在一年以后将重换包装成片剂的泰诺止痛药推向市场——泰诺再次占据了市场的领先地位，成为公众眼中最可靠的止痛药。

身为公司的最高管理者，吉姆·伯克所表现出来的无疑是杰出的影响力：在面对严重危机时，身为掌门人，身上的压力可想而知，但他没有流露出丝毫的压力，而是怀抱信心去激励员工。他的表现使员工愿意相信公司终会走出困境。

管理者的语言拥有巨大的感染力，若表达失当，便极有可能给团队与自己招来祸端。孔子曰："成事不说，遂事不谏，既往不咎。"其意为，已成的事情便不述说，结束的事情便不劝谏，过去的事情便不怪罪。这则千年以前的告诫在今日对管理者尤其重要：唯有很好地控制自己的情绪，让自己在不同的场景之下都能够更巧妙地表达感想、实现激励，才能使自己说出的每一句话都产生动力。

·赞美时，从发掘价值来激发信心

从权力与位置等天然因素来看，管理者与下属并非平等关系，因此，想发掘下属的价值，最好的办法就是通过自我职位所带来的影响力来调动其工作积极性。

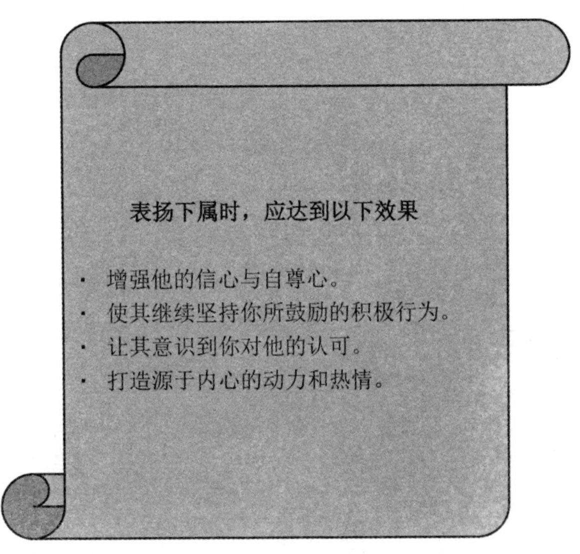

下面是我在表扬下属时常常采用的几种有效方式。

◆ 向下属寻求帮助

对管理者来说，向下属求助，可以让其意识到自身价值与个人优势能力所在。这一方法之所以有效，是因为它展示了你认可其身上的优势，并在求助时表明你重视他的这一优势，期望他坚持下去。这不仅说明你尊重他的专业技能，同时也表现出你对他的绝对信任。

如果你想更好地运用这一方法，你就必须注意这样一点：你的请求应与你的管理职责无关。这就意味着，你可以在如何做出更漂亮的 PPT 上向下属求助，但不能询问他如何才能让团队上下都认可这种漂亮的 PPT 风格——后者事关团队管理，你必须独立完成它。

◆ 询问下属看法

同样，你需要确保自己询问看法的内容与双方的工作无关，举例来说，你不能询问他："你认为怎样做才能让你的业绩更上一层楼？""你认为我是不是该在团队内进行严格管理？"正确的做法是，以肯定的态度来认可他们的优势，进而鼓励其分享塑造出个人优势的经验。

仅以一名拥有出色组织能力的下属来说，管理者首先应该说的是："你的组织能力非常不错，我真希望所有人都能向你学习，这样我们的工作就高效多了。"接下来，你可以询问他对工作流程简化的看法、对文档内容的分类处理、对庞大数据的整理等，并借此聆听他的观点。

这样做，不仅可以帮助你获得出色的创意，同时还会使对方意识到，你认可与赞同他的做事方法与观点。

◆ 进行非正式的委派

如果你能授予下属一定的管理权力，对方将更愿意追随你。

想象一下这样的场景，你的老板告诉你："最近我忙得不可开交，可眼下公司的大客户 A 又提出了新问题，如果不立即处理对方提出的问题，那么我们的损失会很大！话说回来，你能不能组建一个小团队，帮我与 A 公司协调？"可想而知，临危受命的你会以多大的动力去处理这一非正式的委托。

同理，向下属进行非正式的委派，意味着你认可其在工作能力、判断力上的表现。更重要的是，授予任务往往意味着隐含的赞誉——这将大大提升他们的工作动力与自信心。

批评时，搞清楚"发生积极改变"这一目的

批评下属的目的是什么？

很多管理者都搞错了这一问题的答案，他们将批评下属当成了显示自我权力与影响力的渠道，这其实是"上对下"式沟通中最不可取的对话方式。立足于提升下属积极性的目的，所有的批评都应有其基本原则：你的目的是让他明白错误所在，产生内疚心理，并进而发生改变。

立足于这一点，我将批评分为三步。

① 立足问题讲事实、说影响。

这一步最重要的是做到以问题为立足点，摆出事实，不可体现出直观感觉的东西：员工错在哪里？不要对他说“我感觉你提供的这个数据不对”，而是要告诉他“我在与市场部核实以后，发现你提供的数据与现实有差距”。只有证据确凿，你们的对话才不会沦为争吵。

② 站在对方的角度上，帮助他分析问题。

你需要站在下属的具体职位上，与他一起分析问题发生的原因，以及有可能的改进方法。这也是帮助下属向着你期望的方向成长的关键一步：在这一步中，你必须在客观引导的情况下传授自己的经验，这样才有可能启发对方找到适当的解决方案。

③ 提出要求，说明奖惩。

分析完问题以后，你必须要进一步明确，你眼中的“合格”是什么样的？这是为了向下属指明他要做到的程度。同时，你还要指明，在你提出新的要求以后，他做得好与不好将会有什么样的奖励或惩罚。只有将“要求”与“奖惩”两项明确以后，他才会有动力去改进。

针对错误进行讨论时，就事论事是最不容易激起下属反感的对话方式。在此过程中，管理者应表明这样的态度：即便你做错了，我也相信那只是你的一时失误，只要提升能力或更有心，你一定有能力解决问题。唯有让他有自信，相信自己可以解决当下的问题、杜绝类似的问题，你的批评才算产生了最积极的动力。

可以说，批评与表扬是管理过程中最常用到的话语形式，掌握这两种话语的正确激励方式，调动起下属的工作积极性，激励下属更多地实践你所认可的、改变你所否定的，那么，你便能够在达到激励目的的同时使下属心甘情愿地追随你。

4

CHAPTER

指令：克隆你的高效执行力

培养下属，你就必须让下属知道，你想让他去哪里、达到什么样的目标，这便涉及“下达指令”的学问。指令是让下属按着你期望的方向完成工作或继续某一行为的关键，很多管理者之所以无法培养出自己期望的下属，受困于团队执行力低下，就是因为没有做好这一步。

1．无能管理者喊加油，优秀管理者下指令

通常情况下，下属不会做事或者无法将事情做好往往有两种原因。

① 他们不知道做事的具体方法。

② 他们知道怎么做事，但无法坚持到最后。

如果你想在团队内克隆你的高效执行力，那么，不管原因是哪种，它们都不是下属个人的问题，而是你必须排除的障碍。或许会有管理者想要反驳："只要做久了，即便上司不说，聪明的下属也应该知道怎么做。"不过，仅就我个人的经验来说，不管在同一个职位上工作几年，似懂非懂的东西还是会有很多。

比如，我们的团队里曾经有一名一线销售人员，他的业绩一直没有起色。

他的直接上司发现以后，一再地鼓励他："加油！我相信你一定可以做到！""不要灰心，只要努力，事情便一定会有起色！"

只是单纯地向下属喊"加油"，鼓励下属，并没有让这位下属的成绩变好，反而让他对上司的鼓励变得反感起来——太多的鼓励让他感觉厌倦："单纯地给我打鸡血没有任何帮助，如果你真的相信我，那么为什么不把重要的工作交给我去做？"

这便涉及"如何克隆"的话题：无能管理者喊加油，优秀管理者下指令。在下指令之前，管理者必须意识到，下属的成长与进步需要你的积极督促与指导才能实现。

下达要求进步的指令

下达指令的目的是为了提升管理者个人经验在内部的克隆，既然目的是提升团队工作执行力，那么，你就必须要求下属努力地追求自我成长。

把工作交给下属，管理者必须要求的不单是他解决问题的能力，也包括对方是否拥有影响他人的领导力和促进自我成长的相关进修。以下量表要求下属发挥领导能力、发展自我成长意愿，它将有助于管理者制定出下属所需的教育方针。

其具体操作也很简单：选出一名你想重点培养或重点提升的下属，列举出他所负责的工作或职位后，详细写出完成工作所需要的领导力、能力开发及自我成长项目。

姓名	手头上的工作或职务	所需要的领导能力		需要的能力开发、自我成长项目
		主要的被领导对象是谁	该如何影响对方	

明确你的指令重点在于中等水平的下属

不知你是否注意到，在现实生活中，高水平的下属在任何公司里最多不会超过 20%，这也是“二八原则”在管理界的另一种表现：产出 80% 业绩的是 20% 的优秀下属。相对于这 20% 的最优秀下属，最差劲的下属其实占据的数量也不会超过 20%——一旦超过这一基数，企业的生存便会成为问题。

所以，管理者要想在团队内实现经验复制，就必须重视占据 60% 的、人数最多的中等水平的下属。

☞ 你应让那最优秀的 20% 自主工作。他们有自己的做事方法与经验，不管他们的方法是否与你一致，只要他们的行为符合公司的管理规定，你都应任由他们自由地行动。

☞ 你应放弃那最差劲的 20%。公司内部竞争激烈，团队内会有自身的优胜劣汰机制，这部分人势必会有一些人因为承受不了压力而离开，另一些留下来的人或许会成为团队执行力提升的阻碍点，但他们并非你的培训重点——如果想让他们的执行力达标，则后期为他们提供标准的做事流程就好。

下指令要兼顾“我要什么”与“他知道什么”

你所管理的团队目标设定是如何进行的？根据你所处的立场与不同的状况，你应该可以制订出诸多的目标。即便针对销售额这类看似明确的目标，你也可以考虑设立三年的长期目标、一年的中期目标或一个月的短期目标。

与你一样，你的每一个下属都有自己的个人目标，而这些目标往往就是他们能够在工作中表现出高效的根本动力。比如，你有三名下属，针对销售额，他们皆设定了“超过定额”的目标。

从表述来看，他们的目标好像一致，事实上，他们目标背后的动机是截然不同的：

☞ A 想通过设定超额目标尽早使身为管理者的你意识到他的能力所在。

☞ B 想通过获得良好业绩增加薪水与奖金。

☞ C 想通过出色的业绩表现为下一阶段自己开办公司做铺垫。

下属本人自不必说，作为管理者，如果你可以提前把握这些动机附加条件，便可以大大加快下属实现目标的速度，毕竟行动背后的动机才是刺激个人不断强化与提升执行力的关键。

立足 MORS 原则下达指令

如果你所使用的语言不能让每个人都产生同样的理解，那么，你的管理将变得毫无意义。试着想一下：“认真地去做吧！”“请尽可能早一些完成这项工作。”当你说出这样的话时，下属势必不会快速而准确地完成他们的工作。

人的本性是懈怠的，占据大多数的普通中等下属会心存疑惑：“‘尽可能早’是什么时候？”“‘认真’具体指的是什么？”这样的疑惑很显然会影响到他们的行动积极性。

将个人指令具体化是优秀管理者共同的标识，而这种做法在行为管理学中往往通过MORS原则实现。

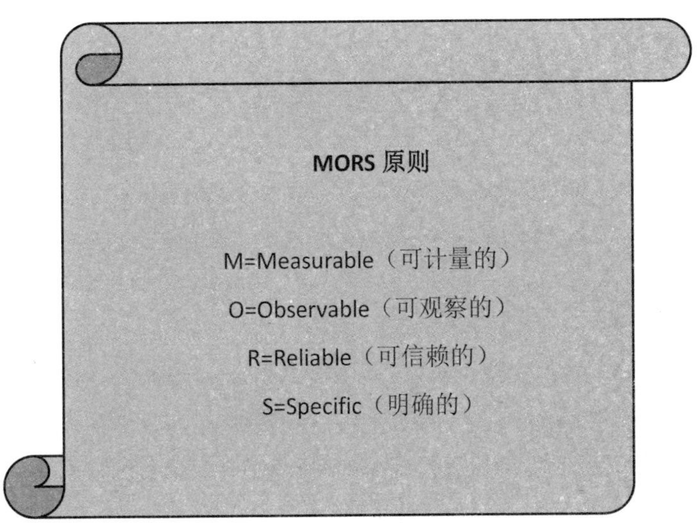

满足了上述条件以后，你的指令才可以被视作合格的“行动”。在一项合格的指令中，管理者必须依据这四项内容下达指令。

克隆高效执行力的关键在于，管理者应在言语之中强调对“高效”的重视，而明确地下达指令，使自己的指令不管是在具体行动还是在具体实践准则上都是可以实践、能够经得起考量的，这无疑是让你的管理变得出众的一大重要原因。

2. 具体指令：把指令拆解成可操作的能力

我们在之前的内容中反复强调，想让下属准确而积极地执行你的命令，你就必须要让对方清楚地了解，你希望他做什么、做到哪种程度。这种“做什么”与“做到哪种程度”其实就是在下达“管理指令”，而管理指令是否明确，与工作内容、具体标准相关。

这一点对于拥有强势领导特点的管理者格外重要：很多下属在询问指令时都不敢问得太细，生怕换回“你怎么连这个都不懂”的斥责，而由此导致的后果就是，下属在做事时不得要领。由此反映出管理者与下属之间的能力差异：你以为自己已经讲得足够清楚，但处于执行层面的下属并未真正地掌握针对这一指令应该如何去操作、如何去执行。

在刚晋升为管理者时，我也犯过此类错误：有时候，我感觉自己讲得已经非常清楚，并感觉大家应该都明白了，但散会以后，有时候会无意中撞见下属在开小会。我询问时，他们不好意思地说，他们还是没有搞明白有些指令在具体操作层面到底应如何操作。

在这种情况下，我便会自责：责怪自己没有完全将指令交代清楚。此后再开会时，我请他们畅所欲言，不管是多么细节的问题，只要他们不懂，我便鼓励他们说出来，并针对问题再一次讲清楚、说明白，以确保每一项工作在交代阶段便不出差错。

我这样做以后，团队的做事效率得到了大大提升。

哈佛管理学家约翰·奈斯比特曾经提及，管理者如果想要更好地统筹未来，就必须学会具体下达工作指令的艺术。在他看来，“指令下达者必须对指令进行全面、准确的界定”。其内容包括：

☞ 指令的具体意义是什么？

☞ 为什么下达这一指令？

☞ 指令的具体要求是什么？

☞ 由谁监控指令的执行？

☞ 什么时候要针对指令的落实情况展开检查？

☞ 什么时间、地点验收指令？

☞ 对指令的实施有什么方向性的思路？”

虽然奈斯比特教授的建议的确有效，但涉及的点太多了，这使得很多管理者难以在短时间内掌握下达指令的具体方法。其实，相比于奈斯比特教授的方法，只需简单地按照“格里波特四分法”，便可以使人清晰地明白如何下达工作指令。“格里波特四分法”从 1996 年开始被广泛使用，其理论前提是将多数岗位都划分为四个关键业绩领域。

① 数量维度，包括总量、单位数量（包括比率）。

② 质量维度，包括精确性、优越性和创新性。

③ 成本维度。

④ 时效维度，也就是任务完成得及时。

在用于具体指令时，管理者也需要从这四个方向入手。

① 时效维度：任务需要在什么期限内完成。

时效维度即一项工作的具体时间节点，必要时，你可以将之分解为开始时间、中间阶段“里程碑”式时间与具体的完成时间。涉及工作地点变动时，你也需要交代清楚具体的工作地点。

② 成本维度：需要用多少成本资源。

成本维度所强调的就是一项工作的方式、方法、工具、材料、依据与具体的支持条件等，它所侧重的是在下达指令时你要向下属交代，你能够供其用于完成该事项的成本资源有哪些。

③ 数量维度：需要完成多少数量或数额。

你应该让下属清楚地知道他们到底要完成什么样的任务、完成多少数量或数额才算合格。

④ 质量维度：需要达成何种质量标准。

数量维度强调的是“数”与“量”，而质量维度强调的则是工作的

“质”：下属需要达成怎样的工作标准才算合格。

这里的“达”就是指达到什么具体的工作目标。

按照“格里波特四分法”，假如你想让下属遵从自己制定的预算编制办法里的标准来编制部门业务预算，那么，你在尝试使用这一方法下达指令时就应该这样说：“小李，请你在这个月 15 日下午下班以前，使用《业务预算分解表》编制完成我们部门的业绩预算。完成的标准一定要达到上一次我公布的预算编制办法里规定的具体标准，以做到一次性通过公司报批。”

如此下达工作指令，是不是相对简明多了？

遇到不确定性强的工作时，运用“如果……就……”句式辅助下属理解工作

有一些工作是需要根据情境变化进行不同处理的，面对此类工作，如果你只是简单地给下属下达指令，那么，在遇到不同情况时，他很可能会因为不知道如何处置而频繁地向你请示。

比如，你让下属 A 查询公司的一笔订单是否到货。此时，你可能会得到 A 的反馈：“还没有到货。”

这时，你就必须再次指示 A 联系相应的供应商。如果此时供应商那边出现了问题，那么你可能又要指示 A 面对供应商的突发状况应如何处理——这样一来，你就不得不频繁地过问这一工作，而这只会徒增你的工作量。

面对这类工作，你其实可以采用另一种方式，比如，写一封工作指令邮件来代替口头指示，以便下属遇到此类情况时知道该如何处理。

> 小A：
>
> 请你在今天3点前查问一下我们公司向北明公司订的那批B35号货物是否到货？
>
> 如果已到货，就请你联系仓库部门验收入库，并通知生产部门该货物已到，可到仓库提取使用。
>
> 如果未到货，就请你联系北明公司的胡江，胡江的办公室电话是××××××，手机号码是××××××。
>
> 如果关于这批货物有什么技术性问题，就请你与公司技术部张经理联系，请其提出处理意见，你帮忙反馈给供应商联系人胡江。
>
> 这批货物是生产部门急用的，如果出现我未提及的情况，就请你及时向我反馈。
>
> 请于下午4点前将你处理此事的结果反馈给我。

你可能花费10分钟给A写了这封邮件，但是，接下来你就不需要再为这项工作烦恼，从而专注于其他更重要的工作。

遇到周期性工作时，运用“安排表”替你下达指令

其实工作中有大量的周期性工作，面对此类周期性工作，你完全可以先编制一张具体的“周期性工作安排表”。比如，每周一次的团队会议：

☞ 在会议召开以前，需要什么时候做什么准备、由谁来做？

☞ 开会过程中由谁主持与协调？

☞ 若你不在时，又由谁下定论？

☞ 定论由谁总结成书面资料，以备留用？

如此一来，这项周期性工作其实就是确定好了的，你作为这支团队的最高管理者，是否因公外出对召开周会议这件事没有任何影响。

在此基础上形成的“安排表”其实是利用了有效的时间管理来协调任务：在安排表中，时间成为触发某项工作的“发令官”。这也恰恰与“格里波特四分法”的时效维度相契合：当你将这些普通的周期性工作安排好以后，你便可以在有效管理的同时专注于更重要的事情。

立足于“格里波特四分法”展开指令的具体拆解，将不确定性强的工作与周期性工作进行有效协调与处理，下属的执行力便可大大增强。

3. 简化指令：用“共同语言”来传达信息

一位客户曾经向笔者讲述了这样一件事情 ：

“在我长达 10 年的管理经验里，常常困扰我的一件事情就是‘知音难求’。在团队管理过程中，若我想有效推进一件事情，多半需要向下属反复沟通。重复多次以后，他们才有可能理解我的需要与标准。这导致了团队内沟通成本巨大。我常常会思考这是否因为我个人的表述方式有问题，但始终未有解答。

“一次，我出差期间，公司分配给团队一个较大的招标项目。因为当时时间紧迫，我只能由某员工代为了解，而对方在向我汇报时，只是简单地陈述了几句基本情况，并未给出项目的详细内容。事关重大，当时我并未给出明确的答复，但该下属却误以为该项目已被默许，并组织了相当的人力、物力开展该项目，最终由于准备不充分而导致失败。

“事后，在高层会议上，我以‘汇报不详细，擅自决策，导致公司资源浪费’对这位下属进行了严厉批评，但对方却满腹委屈地反驳，称自己已经汇报，‘是领导重视不够’，并言语暗示我有故意刁难之嫌。

“这件事情让这位下属的积极性与自尊心大受伤害，同时也造成了新的两级沟通隔阂。

“坦言之，我很希望自己的下属都可以用更好的方式完成工作，但他们却总是不能在最初推进工作时更好地理解我的想法与要求。这种情况时有发生，既导致团队工作效率下降，又使我与下属之间的关系受损，而此类沟通成本的不断攀升致使我的管理权威大大下降。”

其实，我的这位客户并未意识到，下属最不喜欢遇到他这样的上司：向他请示的时候，他语焉不详，没有明确的指示；在下达指令的过程中，最忌讳的就是指示不清晰、不明确，致使下属无法领会。

想让下属懂你，你得先懂下属

想让下属先懂你的管理者会立足于自己的思维方式思考，在面对工作时自以为简单，不需要说得很细，因此总是说到“自以为已经说明白”的程度便打住。当下属犯了执行上的错误、反馈说自己没有听懂时，此类管理者又总会斥责：“这还用说啊，你非得让我告诉你 1+1+1=3 吗？”

相比之下，先懂下属的管理者却会从下属的角度出发，考虑下属的接受能力：“以他的能力，我需要解释到哪种程度？”

从管理职责方面来说，下属“懂”管理者，并不如你“懂”下属更重要：身为管理者，你才是分配团队人力资源、具体安排用人的那个人，你搞不清楚自己下属的特点，导致他对指令不清晰、不明确，如何用人？

对于有些下属，你只需要将目标讲清楚就够了。

对于有些下属，你不仅需要将目标讲清楚，同时还需要将做事的方法讲清楚。

对于有些下属，你不仅需要将目标讲清楚，同时还需要将做事的方法、做事过程中的关键点讲清楚。

有些下属的确属于“悟性不高”的那类人，他们领悟能力不足，但的确有可用之处，甚至能够在某些方面独当一面。对于这类人，很显然你要先知道如何才能让他们懂得你要的标准是什么、如何将这种标准说得他可以理解，才能知道怎样将其能力与优势发挥到极致。

唯有根据下属的领悟力、能力不同来展开对话，你才能利用好下属的能力。这样做的前提就是你必须先懂你的下属。

找出可保证所有下属都能做出相同动作的共同语言

“二八定律”在管理界普遍存在：多数团队八成以上的营业额皆来自两成优秀下属的努力。如果你想改变这种状况，使所有下属都有机会发挥实力，你便需要让自己的指令由任何人执行都可以精准到位。

这与先懂下属然后再针对性布置任务最大的不同在于，前者适用于单独性的任务分配，而在团队协同作战时，你就必须找出能够让所有下属一步到位的共同语言，并使用这种语言来简化指令。

比如，你请下属“先将材料送到客户处”时，如果对方是执行力较强的优秀下属，那么他往往会在心里先考量时间、成本、安全性等，然后再用最快速、最有效率的方式将材料送过去。但一般下属多半无法思考得如此全面，因此做起事情来难免有所遗漏。

下属可能会担心“花费太多交通费一定会被责骂”，于是自己开车去，却未曾考虑到因为路不熟悉而导致的时间浪费，反而造成时间成本的增长。

有些下属知道路，于是亲自去送，但又因材料材质敏感，很容易在运输途中受到损坏，因此花费了很多时间包装，却未能将这样做必须付出的包装及时间成本算进去。

有些下属过于讲求效率，认为“越快送达越好”，于是将物品托运，却未做好前期包装，导致材料在运输途中受损。

其实，上述思考问题的方式都是正确的，只是因为下属能力不足、考率不够周全，便有可能导致失败。

这些失败完全可以从管理者简化、细化指令开始避免：你只需将自己的指令明确地告知下属，比如，“因为材料易受损，所以要包上三层泡泡纸。包装好后，明天下午使用顺丰快递送到客户那里去”。这样的指令下达以后，不管对方是谁，都可以做出相同的成果。

不管是教导还是指示，你的指令每次只限三件事

简化指令的另一个关键方法在于，在指导下属时绝对不要贪心。

我与各大公司的优秀管理者对话，或者了解他们具体的工作情况时，总会发现，他们无时无刻不在贯彻这一点。

人的学习能力是有限的，这决定了我们没有办法一次记住许多事情。所以，我认为，每一次在向下属下达指令时，最多只能立足于共同语言提出三项具体的行为要求。

以时长 20 秒的广播为例：如果有广告商想要在如此短的时间内一口气告诉你产品的的概念、命名的由来、具体的功效、客服电话等多项内容，那么，除非你记忆力出众，否则你肯定无法完全听懂并且记住。

因此，如果下属负责的是业务工作，而你又期望他能够做到你所期望的，那么你最多只能将他工作范围内的业务标准归纳成三点，并明确指出：“每天亲自拜访三位新客户、电话回访五位老客户。”“见新客户时，要记得拿产品介绍书。”“用我们教授过的标准来写作电子邮件。”抱怨下属工作不如预期的管理者多是因为自己要求得太多，他们不仅要求太多，有时候甚至还会提出高标准的要求，比如，“向顾客提供全国一流的服务”，或者“力争成为全公司的销售冠军”，而这往往是不可能的任务。如果你想要在团队内部增强执行力，你就必须规避此类“不可能任务”的出现。

在团队内部克隆你的高效执行力就意味着你的指令必须在准确、具体的基础上实现简化与可理解。只要做到了这两点，便可以达到不管对象是谁，都能做出相同动作的目的。或许有些管理者会认为，必须说得如此仔细会浪费很多时间，看起来很没有效率。实际上，如果能够让每一个下属都按照你认可的指令去做，而且达到九成以上的成果，那么，不仅可以减少沟通上的隔阂，同时还可以降低下属的失误率，省下替下属收拾残局的时间。

4. 确认指令：制作授权工作清单

确认工作指令有两方面的内容：一是确认这项工作交给谁来做；二是确认这项工作要怎样交给对方去做。这便涉及工作的授权。

授权其实是一个复制自己的细化过程：你通过将任务授权给恰当的人，以达到让他人按照你的意思去工作的目的。管理者是否能够恰当授权，决定着他在管理时是否能够贯彻与传授团队恰当的经验。

一家化妆品公司即将在 3 个月后推出新产品，并举办新品发表会。总经理下令，公司内产品企划部、活动公关部、市场行销部必须全力展开支援。这三个部门一收到指令，便立即就自己能做的事情采取行动。

谁料，此后便发生了合作媒体重复收到新闻稿的情况，引起了不少抱怨。

此外，在内部会议上，三个部门分别提供了资料，总经理还需要自行消化并进行整合，无形之中浪费了很多时间。

每位管理者都希望，每当交办一项任务时，总会有一个负责人跳出来欣然承诺："没问题！事情全包在我身上！"接下来，每隔一段时间，该负责人便会主动汇报工作进度，不需要催促就能努力达成目标，为团队获得期望的成果。

无奈事与愿违，有些下属总是等管理者说一说才动一动，特别是在遇到跨部门整合类任务时，常常存在本位主义，只顾着自己部门的任务，却并不在乎其他部门正在浪费时间，这样的心态会让管理者备受挫折。

有什么办法可以让管理指令下达以后实现更有效的工作分配，进而使复杂的任务滴水不漏并执行成功？此时便是运用 ARCI 法则的最好时机。

1984 年，管理学家李·博尔曼首先提出了“RACI”的概念，通称“锐西矩阵”。RACI 法则往往会被广泛地运用于流程管理、项目管理、跨部门合作中，其目的在于协助管理者澄清授权过程中“谁该负什么责任”，毕竟唯有清楚地界定一项任务所有参与者的角色与责任，才能避免权责不分或者推诿塞责。

不过，在 RACI 法则的实践过程中，管理者发现，RACI 的次序其实应是 ARCI。

明确 ARCI 法则的四大角色

根据下述对 ARCI 分别代表的 4 种角色与责任的界定，我们可以进一步理解，为什么“A”与“R”的排序对该法则在授权过程中的运用如此重要？又如何有助于找出在推进工作过程中究竟谁该负起怎样的责任？

◆ 当责者（Accountable）

他是必须负责起项目或者全部任务的责任人，通常只有一个人能够担任此角色。一般情况下，如果不是管理者本人亲自担任此角色，那么该角色也会被委派给管理者最信任的下属。

当责者拥有决定权与否决权，伴随着权力而来的是该项目的责任：他不但要将“对的事情做到最好”，同时更要对自己所决定与否决的事情肩负起最后的成败责任。

◆ 负责者（Responsible）

他是在当责者领导之下做事的执行者，团队里可以有多人扮演这一角色。执行者的首要任务就是拥有 100% 的工作责任感，并且要将自身的责任向外延展，致力于追求“个人当责”与“个体当责”。

在团队里，当责者（A）必须与负责者（R）展开密切互动，这就意味着 A 必须与数个 R 进行协调与沟通，以想尽一切办法提升“R”的能力与热忱。A 若想成功，就必须对 R 授权、赋予能力，激励 R 乐于多做一些。

◆ 咨询者（Consulted）

在做出重大决定以前，当责者会向该角色寻求建议或者征询意见，彼此之间展开双向的沟通；咨询者或许是顾问，或许是顶头上司或者咨询主管。简单来说，他是防止当责者闯祸的人。

值得注意的是，咨询者的责任在于清楚地传递自己所知的资讯、观念以及经验，他贡献的是影响力而非权柄。因此，在某一事项的执行过程中，咨询者只是给出建议的那个人，而不是自己跳下来做出决定的那个人。

比如，当你将某项任务委派给下属全权管理时，如果你真的很想更改他的决定，那么你应借由个人影响力。在这一过程中，最忌讳的就是越俎代庖，避免责任跳回自己身上，甚至让 A 认为，自己只是在执行你的旨意而已——这相当于授权失败；它非但无法强化下属的执行力以及他对成果的负责力，同时更无法将你的做事风格在团队内部延伸，甚至还有可能对被授权的 A 角色的信心、信任造成伤害。

◆ 被告知者（Informed）

他指的是你在做出决策或者完成行动以后必须被知会的人，可能是人力资源部门的人员，需要帮助你寻觅人才，可能是需要为你提供所需经费的财务部门，也可能是 R1、R2、R3 的部门主管，这些人有权知道整个项目的进度与工作状态。

在这一过程中，当责者与被告知者之间的沟通是单向的，只需要事后报备，而不需要事前报告。

明确角色 A 与角色 R 的不同

在 ARCI 的实际运用中，R（负责者）与 A（当责者）两种角色的责任往往是混淆在一起的。为了便于区分，我们来看下图。

当责者A	负责者R
有义务承担这些行动责任，确保可交出成果	有义务采取行动或有所产出
成果责任，不管怎样做，有责任交出成果	执行的责任，有责任执行被交付的任务
承诺对别人所订下的	承诺对自己所订下的
首先意识到做正确的事，然后正确地做事	正确地做事

"当责"远比"负责"有更深、更广也更主动的责任内涵。举个例子：准时、按规定地将物品寄给客户，这是负责；但再追踪收件人，确认是否收到，这是当责；为了达成任务，甚至还思考到底哪种投递方式、哪家快递公司更可靠、成本更低，则是当责中的为所当为了。

那种"没有功劳也有苦劳"的态度往往是负责者的态度，而"一定要将这件事情做好"的态度则是当责者的态度。

ARCI 法则的具体运作

在具体运作时，ARCI 法则按照如下途径展开：

①每个项目的当责者（A）与多位负责者（R1、R2、R3）推动各种活动的实体运作，分别处理不同任务与各类责任。

② 通过沟通，双方取得支援系统的支援与协助。

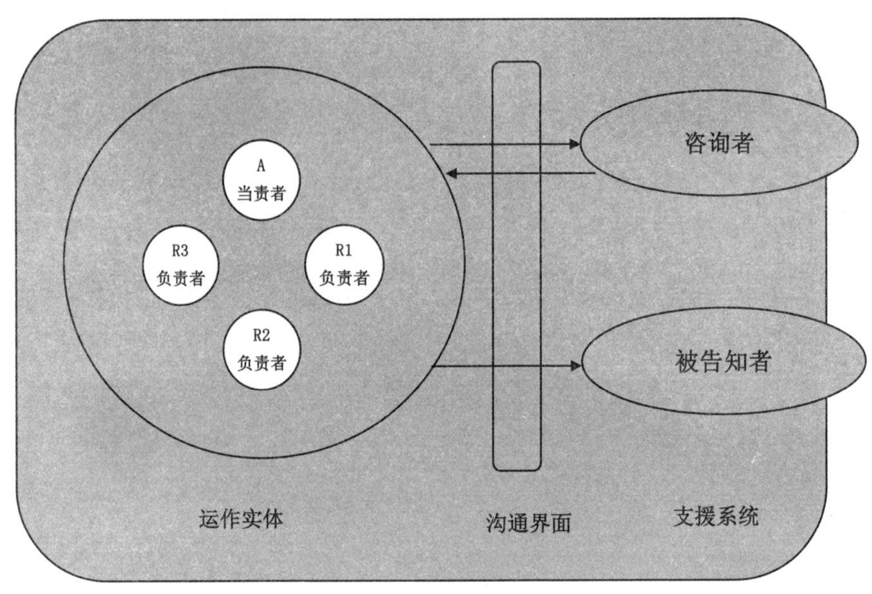

ARCI法则的运作

通常情况下，有负责者看管的专区是不容易出错的，专区以外的“白色空间”，即俗称的“三不管”地带，往往是执行力低下、沟通力不足、互踢皮球的“灰色地带”，同时也是授权失败、项目失败的主要原因。

因此，管理者在授权过程中最重要的职责就是将“当责”的概念变成整个项目组的共同语言，要求你的每一位下属在接到任务时，都要立即搞清楚“在这个项目中，我到底是角色 A 还是角色 R”。

为了避免这种疑问出现，管理者可以先指派几个重要人物，督促他们在项目上负起责任，以行动确定他们就是当责者，使他们再无多余的借口来推三阻四。

下面的表格便是一个依据 ARCI 法则展开授权工作的实例。

人员 工作任务	员工	秘书	领导	会计	会计师
1. 记录费用	A 责 /R 执				
2. 填写费用报销表	A 责 /R 执	R 执		C 询	
3. 将表递交给领导	A 责	R 执			
4. 审查	C 询		A 责 /R 执		
5. 批准	I 知		A 责 /R 执		
6. 交给会计			A 责		
7. 核对费用	C 询	R 执		A 责 /R 执	
8. 审核			I 知	A 责 /R 执	
9. 确定付款类型	I 知		I 知	I 知	A 责 /R 执

授权其实是一个复制自己，让别人按照你的意愿工作的过程。管理者会不会授权，决定了他做事能不能抓住重点。通过 ARCI 法则展开授权，不仅可以使指令更好地被确认，同时对于后期执行也有极大的帮助。

5．实践指令：WBS 实现团队条理化

管理者需要明确的是，在“指令被确认”、实践指令的过程中，“执行”是要让每一位下属都知道自己被指派了什么样的工作、做好这项工作需要被赋予哪些权利、会获得哪些支持性资源，以及这项工作应于何时完成等。可以看出，实践指令侧重的是做事的规范化与步骤化，这便需要涉及指令的条理化。

最好从项目立项开始便秉持条理化的原则。立项即展开指令的最大好处就在于，它可以在团队范围内贯彻管理者的做事原则，进而提升团队的做事效率。

某零售公司是我们的客户。之前每天早上各家零售店都会召开晨会，用时半小时。下属最头疼的就是这半小时要如何应付，因为他们对零售店“今日销售额 3 万元”这样的目标除了“加油干”“努力做”便没话说了。

我们为该公司引入了“项目简化管理”的概念，并对晨会内容进行了具体简化指导。这一概念在其组织内贯彻后，他们的晨会时间缩短了 20 分钟。在这仅剩的 10 分钟里，店长会展示具体的销售目标，并将之分解到具体的个人。随后个人会做出承诺：“今天，我会比这一目标多卖 1 元！”结果，依据该方法，该公司每日的销售额增加了 10 万元！

在实践指令的过程中，管理者最需要的是将自己的经验与做法体系化：先将团队内部各个环节、各项工作进行分类，然后将好的做法归纳起来，这样好的做法才能推而广之，让更多的人学习与借鉴。

这种管理的流程是具备复制性的：一个下属做得好，可以让 5 个、10 个甚至是 100 个下属跟着一起做。这样做带来的最大好处就是，你不需要再担忧某一优秀下属的突然离职会导致团队效率下降，因为其做事

的方式已通过项目分解的方式复制下来。这便是设立项目分解与优化的作用和威力。

在具体的指令实践过程中，想要将指令以项目的方式确立下来，你需要先清晰立项的目的。

清晰立项目的

作为管理者，你需要明确地知晓这一项目的来龙去脉。如果一个项目非常重要，那么，在立项时，你最好与上级或者老板沟通，因为他们掌握的信息量远比你大、比你多。所以，通过与他们沟通，再加上自己的理解，你便可以对项目立项的目的有一个清晰的认知。

明确项目的目标

在某一项目中，它最需要达成的目标是什么？对这一目标而言，最核心的动作是什么？如果你想做好项目的指令下达，这是你必须要搞清楚的。

比如，有些项目要求时间短，越快越好，花多少钱无所谓；有些项目要求省钱，做慢一些没有关系，但一定要节约资金。这些信息你都可以通过与你的领导沟通来获得。知道项目目标以后，你需要将这一目标用准确的语言与文字记录下来——这是一个非常重要的步骤，因为只有记录下来的内容，才能够成为团队内所有具体执行的方向与准则。

找出项目的关系人

有关关系人，著名洗化企业宝洁公司给出的方法是找出 PACE：P 是 Participant（参与者），A 是 Approver（审批者），C 是 Consultant（顾问），E 是 Executor（执行者）。不过，在日常的指令实践过程中，你并不需要如此烦琐的流程，所以可遵循一切从简的原则。

你可以思考一下：哪些人或者部门会受到项目结果的影响？哪些人可以为项目提供相应的资源（人、财、物）等？

利用 WBS 做好项目计划

完成了项目的启动，接下来便需要展开项目计划。所谓的项目计划，其主要工作就是进行工作任务分解。在此处，我们需要运用的工具是“工作分解结构（WBS）”，该结构是一张记录项目所有交付成果的图表。这张图表所追求的是立足于一定的原则，将大的项目分解成各个任务，再将各个任务分解成一项项具体的工作，再将一项项具体的工作分配到每个人的日常活动中去，直到无法再分解为止。

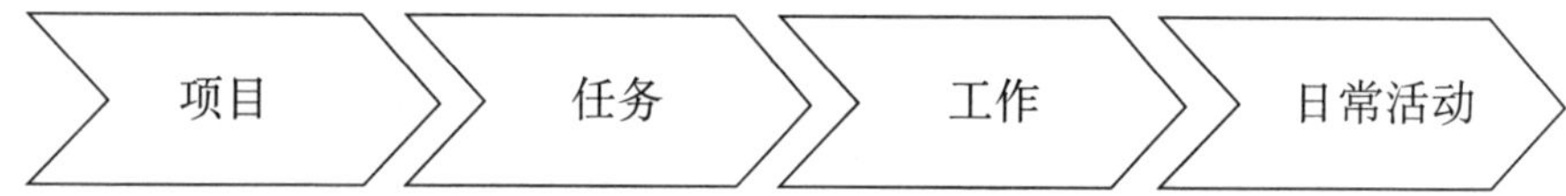

利用 WBS 可以让你不遗漏项目里的任何一项任务，因此，你想在团队内实现条理化，它将是一个不错的选择。

以下是建立起项目 WBS 的六大重要步骤。

◆ 记录主要交付成果

什么是主要交付成果呢？主要交付成果就是你的项目最终将产生的结果，也就是你所需要的“产品”。当你与你的项目小组思考将什么内容放入分解结构表时，你们需要考虑的并非任务的细节程度，甚至你们也不应考虑任务是不是要被放入分解结构表里，而是要思考哪些才是你们的项目交付成果。

当你不知道要在这张分解结构表上记录什么交付成果时，你可以细细地想一下：通过执行这项指令，你最希望团队实现怎样的成果？

◆ 分类交付成果

在列出交付成果以后，你就需要将交付成果分门别类。通过分类，你可以知道你所列出的交付成果是否重复，或者是否有所遗漏。然后再从各个分类中找出最重要的交付成果，并将它置于分解结构表的最上方。

◆ 分解交付成果

将你选出的交付成果进一步拆分成几个小的部分。比如，为客户“创造一个新的品牌 Logo”这项指令便可以细分为以下几个交付成果。

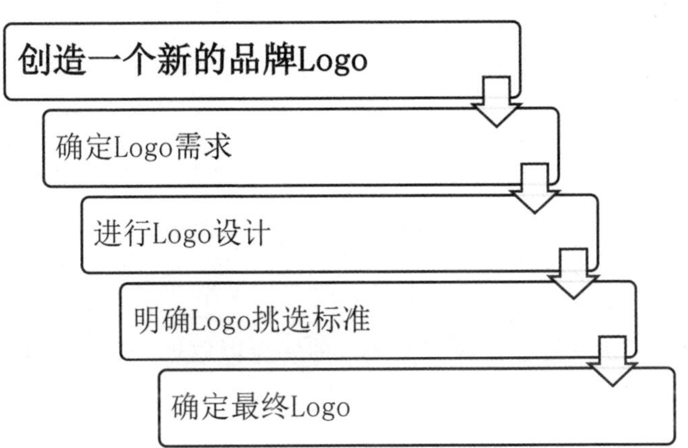

从上图中可以明显地观察到，这些相似的交付成果可以组成“创造一个新的品牌 Logo”这个主要的交付成果。每一个细项交付成果完成的前提都是前一项交付成果已经完成。

◆ 对交付成果进行再次分解

这一步骤则是将细项交付成果进行再次分解，以上图中的“确定 Logo 需求”来说明。为了完成“确定 Logo 需求”这项交付成果，你可能需要以下内容的指导才能完成。

确定Logo需求

☐

☐ 是否明确了品牌指导原则？

☐ 是否获得了需求文件？

☐ 是否取得了客户的许可？

在了解了客户的品牌指导原则以后，通过具体的客户需求文件，才能了解客户所需要的 Logo 应该是什么样子，最后再由客户评价 Logo 是否合适。

可以看出，在运用 WBS 时要格外注意层级，它就如同一个金字塔，一级一级地堆叠上去。唯有持续不断地分解你的交付成果，直到无法继续分解为止，你才能够更有效、更有条理地实现指令。

只要你完成了项目分解结构表，你便可以以这张图表为基础安排团队的项目日程。

◆ 编号交付成果

现在，你最需要的是将每一个分解出来的项目编上编号。通过编号，你便可以清楚哪些项目属于哪个交付成果，将最重要的交付成果编号为 1，而跟随该交付成果以后的项目便可以编号为 1.1、1.2 等。

◆ 准备工作包

现在，你已经清楚地列出了各个交付成果和项目，接下来最重要的工作就是对各个项目的完成细节进行探寻。

你需要在最后的交付成果旁写下细节，比如，完成该成果所需要的资源、具体花费的时间、预算、具体的人员安排……此时，你便可以借鉴我们之前讲到的授权工作清单，配合 ARCI 法则，将你留意的人员、资源细节写上去，这对于日后的指令责任追究与条理化大有帮助。所以，哪怕需要花费一些时间，也细心地完成它吧。

可以看出，WBS 实践指令的最大好处就在于，它可以协助授权工作清单，实现做事步骤与先后的确认，并通过“完成、做好工作”，进一步将管理者的管理经验变成团队主动的做事程序。在这种管理方式之下，团队的效率自然会大大提升。

6. 引导指令：教下属找出“影响结果的目标行为”

指令下达以后，并不意味着你就不需要插手其中了。事实上，将工作交给下属时，很多错误之所以会产生，就是因为管理者少问了一句“懂了吗”。

公司内一位新晋管理者的管理效率低下，为了指导他，我在一段时间内观察了他的做事方法，发现问题出在他怎样去引导指令上。在下达指令以后，他也会按照公司要求询问下属一句“懂了吗”，但他的做法也只是让自己满足于对方回答“懂了”。

这种管理方法为何不可行？因为在“懂了”这种看似理所当然的答案里隐藏着巨大的陷阱。因为就算他们回答你“懂了”，实际上也会有下属并不懂，但不好意思去问你。另一种情况则是，他以为自己懂了，其实却对指令理解错误。

不过，这种情况多发生于与管理者未形成默契配合的下属中，这便需要你通过甄别下属的具体情况来具体进行指令引导。

因人而异进行指令交办

细心的管理者很容易发现，在交办指令时，下属的能力其实可以分为两种级别：专业级与初级。

◆ 专业级下属

专业级下属多半在你手下历练多年，他们知道你对事情的基本要求，了解你对目标的定义，更有可能知道怎么做事才能获得你的认可。他们不管是能力还是做事方法，完全符合你对“优秀人才”的定义，同时也是你在团队内成功复制的另一个自己。你或许并不百分百地对他们满意，但你很清楚，事情只要交给他们，你就不需要再担心什么。

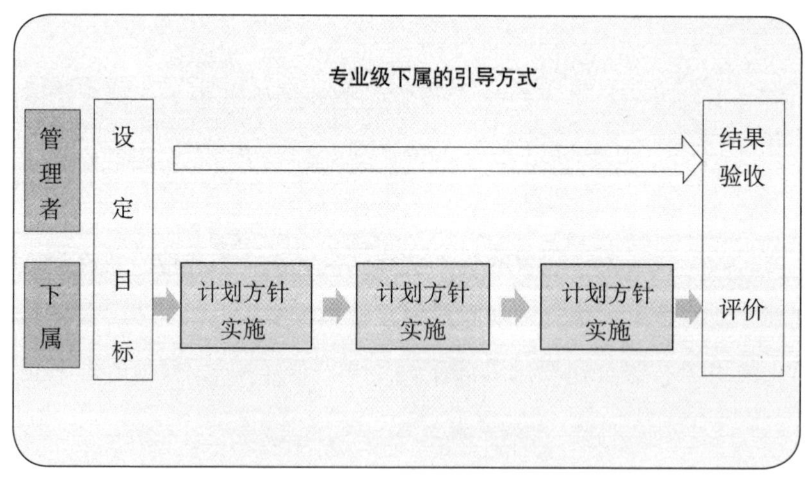

◆ 初级下属

初级下属或许是刚刚入职的新员工，或许是工作许久却不得其法的老员工，一句话：他们在做事方法与节奏上未能与你形成较好的配合。有时候，你会发现，你必须指导他们如何做事，他们才知道怎样将事情做合格、做优秀。

如果你突然将工作像交给专业级下属一样交给初级下属，那么对方只会产出两种结果：或者按照自己认为正确的方式乱做一气；或者完全不知所措，使工作搁浅。

理想的引导方式是从有效而积极的指导开始，小心地确认工作过程与成果，让初级下属既有尝试做事过程的权利，又有被指导的机会，然后慢慢地减少对初级下属的工作支援，他才有可能成长为可供你倚重的专业级下属。

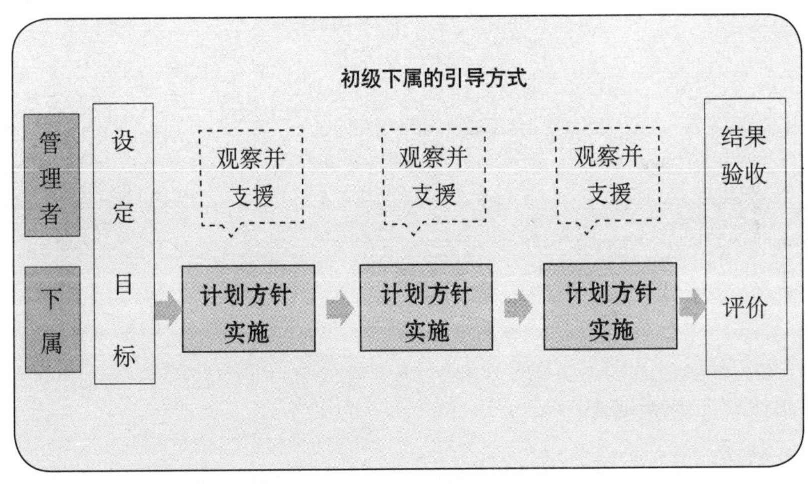

确认下属是真的明白你的指令

教下属找出影响结果的目标行为时，你还需要注意，只要你下达了指令，就一定要确认对方是真的了解；只要你教给了他一个动作，就一定要确认他是真的学会了。

确认的方法有很多，我最常用的有三种。

◆ 让下属重复你所说 / 做的

在开始指导以前，先告诉对方："我指导完后，你要重复一遍我所说的话 / 我所做的动作。"这将使下属在看你示范时会变得更上心。

◆ 请下属递交报告

请下属根据你指导的内容写出学习的心得。这种方法更费时间与精力，但对下属而言却是将"输入"变成"输出"的好机会，而管理者也可以更客观、冷静地确认与评估自我指导成果。

设定对方合格的标准，你可以根据具体内容来判断。比如，5 项重点中只要对方写对了 4 项就算合格。

◆ 请下属思考成败模式

你可以请下属说明自己如何在工作过程中实践指令。提问是一种不错的方法："你认为这项指令要怎样实践才会成功？"

"你感觉用这种方法落实我们刚刚所说的，失败概率高吗？"

尽可能地请下属分别说明重点与理由，这样一来，他们便可以通过自己的语言来表达"成功"与"影响结果的目标行为"，从而让"理解"向着"可以做到"靠拢。

制作"不必做清单"

在传递信息时，需要注意什么？

一般来说，大家会先决定什么样的信息需要优先传递，事实上，先让下属意识到什么样的信息"最不重要"更有其迫切性。

在日本管理界有"劣后顺序"这一词语。该词语所说的是，如果今日要做的工作有 10 项，那么决定先做哪一项就是"优先级"。因为最后必须完成 10 项工作，所以，就算改变先后顺序，完成工作所需要的时间也几乎不会改变。

如果只是锁定其中特别重要的两三项工作，其他的都不去做，这便是“劣后顺序”。

立足于这一“劣后顺序”，管理者应该意识到：如果你真的想要在团队内克隆你的高效执行力，你就必须让下属意识到什么是你眼中“不需要做的事情”。这些事情或许是你认为对整体目标的实现毫无意义的事情，或许是一些无伤大雅的细枝末节。它们的最大特点就是，当你站在“管理者”的角度看这些事情时，它们都是微不足道、不值得一提的。比如，你急需下属向你提交一份有关客户的调查报告时，你迫切想知道的是下属在报告中呈现出来的与客户相关的具体内容，至于他在写报告的时候用的是什么字体，你实在不必关心。

因此，在指令下达以后，你应告诉你的下属：“我要求的是业绩达成××。为了达成这一业绩，请你将主要精力与资源投入这些工作上。”

“那些工作是没有用的，我也不关心它们的结果，所以你不需要去做。”

不过，“二八原则”在下属做事效率中同样存在：20%的下属创造了80%的业绩。在辨别“劣后顺序”时，只有20%的下属能够做到这一点，而剩余80%的下属是没有能力辨别这一点的。所以，管理者需要明确地指示指令的“劣后顺序”，以求使这80%资质平庸的下属可以在行为上更靠近前20%的下属。

你也可以根据下表的启示做出与“必做清单”相反的“不必做清单”，以确认下属没有做不必要的工作。

在××项目中的不必做清单

- □ 上午不收发电子邮件
- □ 客户交由新员工接待
- □ 本周不进行既有客户的拜访
- □ 本周不展开其他项目的谈判

引导下属工作的意义与全貌

在引导指令时，管理者往往会以这样的口气交代工作：“别管那么多！做好你的事就行了！”可是，解释他眼下所做工作的意义对下属而言极其重要。

你希望某人帮助你找来石头再堆成炉灶时，聪明的办法是告诉对方目的——他会知道自己找来的石头会做成什么样的东西，并因此而产生动力。

那种只要求下属去找石头的做法无疑是愚蠢的。然而，职场上常常发生不告诉下属工作的意义与目的，而只说明工作内容的情形。这种情形在进行团队合作或跨部门协作时常常发生：管理者不告诉每个人他们的工作有什么意义、对团队合作 / 部门协作有什么重要性。

仅就整个计划的完成来说，每项工作都是不可或缺的。每项工作都是靠每个人的努力完成的，如果说得更精准一些，是靠每一个“行为”累积而成的。更进一步来说，每个人的“行为”也支持着公司贯彻理念。

因此，为了帮助下属了解事情的重要性，你有必要让他们掌握自己正在做的事情的定位，以及这件事情对整个计划的意义，即让下属知道计划的“全貌”。只有这样，下属才能确实地采取自己应该采取的行动。

此外，你也需要让下属了解工作与相关部门、相关成员之间的关系，这将有助于下属清楚自己的工作范畴。这就好比面对第一次踢足球的员工，只告诉他“把球传给其他人”是不行的，因为说不定他连如何带球都不知道。你必须明确地告诉他有效防守的范围、其他球员的工作，“A、B负责运球，你要负责从他们手中接住球，传给C，然后由C踢入对方球门”。这样一来，下属便能够更有效地完成自己的工作。

7．精准指令：提醒下属哪些动作绝不能省

你对任何下属都可以用共同语言来下达指令，接下来，你就需要进一步将目标行为可视化，即，使整个团队的行为标准化，让每个人在听到相同的指令后，都可以做出平均水准以上的成果。

为了使行为标准化，首先，你需要将工作中绝对不能少的行为列出来，并且自己检视一遍，以确认这些行为都是可以实际执行的；其次，你要将标准化的行为与自己的下属分享，这对于克隆你的高效执行力是极其重要的一步。

在团队作业中，克隆高效执行力的常用方法是SOP（Standard Operation Procedure），即标准作业流程，就是将某一事件的标准操作步骤与要求用统一的格式描述出来，用以指导与规范日常的工作。

这种做法在餐厅等服务业中最为常见。

中国烤鸭第一品牌“全聚德”创建于1846年，而“麦当劳”创建于1955年。如今，拥有171年历史的全聚德在全球仅有61家分店，而仅有62年历史的麦当劳在全球的分店数量已经超过31000家。

为何同为餐饮业，两者的发展速度相差如此之大？其中一个原因就是，麦当劳更早建立起了SOP体系。当你问及麦当劳的高管，为什么他们能够实现店面的快速复制时，他们会告诉你："在麦当劳，没有厨师，只有标准化流程下产生的操作熟练工。"

比如，备餐的厨房分为汉堡区、薯条区和炸鸡区三个工作区，而汉堡区的SOP内容即为汉堡肉应该煎几秒钟、中心温度达到多少度才算熟等标准程序。每个工作区平均有6个分解动作，而整个麦当劳餐厅的SOP分解动作多达两三百个。

这种SOP分解动作的最大好处就是，新员工可以搭配教学影片与书面说明书展开职前训练，一个工作区从观摩、示范到具体操作，只需要3～6小时，新员工便可以完全精熟。

相比之下，进入全聚德时，你会发现，培养一名厨师何其不易，而想要理解到底什么是"味精少许，盐少许，加热至鸭皮表面微红"，简直比学会一门武林秘籍还要困难。

正是因为有了成熟、完善而精确的SOP，麦当劳才能够高速地复制员工、拓展分店，同时保持全球统一的QSCV（品质、服务、清洁、价值）体系。这也使顾客不管推门走入哪一家麦当劳餐厅，都能够享受到相同的美味与服务。

在下属的培养过程中，建立与完善团队工作的SOP是举足轻重的。这种SOP之所以有其可行性，是因为除程序员、文案设计等创造性较强的工作以外，在一般性岗位中，99%的工作都是重复性内容。这种高重复的特征使SOP的建立有了其基础。

SOP最大的好处就在于，它可以将规则化、标准化的东西事先定义清楚，甚至在文字或图形方面落实。这样做虽然无法完全避免模糊地带，但至少新入人员可以有学习的出发点，一些简单的事情也可以找出资料，一些可以自己判断的事情也会有所依据。

更重要的是，流程标准化后，内部沟通也将更积极：下属之间谈论“进度”如何时，被询问的人会清楚地知道“进度”是什么意思；当他收到这样的指令时，他就会知道该做什么、该取得哪些数据、该跟谁取得等。换句话说，下属将更清楚地知道什么是“被期待”的产出、什么是自己真正应该去做的工作，大家也将拥有更一致的语言。

不过，要在团队内建立这样一个体系，到底该怎样做？在我看来，最重要的原则应该是架构应自上而下、由粗到细。

自上而下列出最主要的常态性工作

如果你想要从北京去纽约开会，在规划行程时，你肯定不会这样写：走出公司大门—坐电梯下楼—坐出租车到机场……

与这样细节化的规划相比，更实际的规划方法是做大方向的规划：从北京到香港—从香港转机到旧金山—从旧金山到纽约。

确定了大的行程目的地后，才需要进行细节方面的规划。比如，到旧金山以后，如何乘车到纽约。

在规划行程时我们会这样做，在规划 SOP 时同样如此。如果你是一家餐厅的老板，你想将自己的商业环境标准化，你首先应试着列出公司最主要的常态性工作，比如，开店、清扫、采买、库存、做饭、用餐，以及突发性事件（火警、顾客闹场）的处理。

至于到底哪些流程是必须被描述的，则需要根据团队 / 组织的愿景来进行考量。举例来说，如果你所在的餐厅想成为大家享受正宗四川火锅的地方，那么，西式调酒或者刀叉摆放的流程与规则便不应花费时间去思考、制定，因为这是一种与组织愿景不符、浪费时间的行为。

当确定哪些东西需要规划细节流程时，接下来便可以让与该工作相关

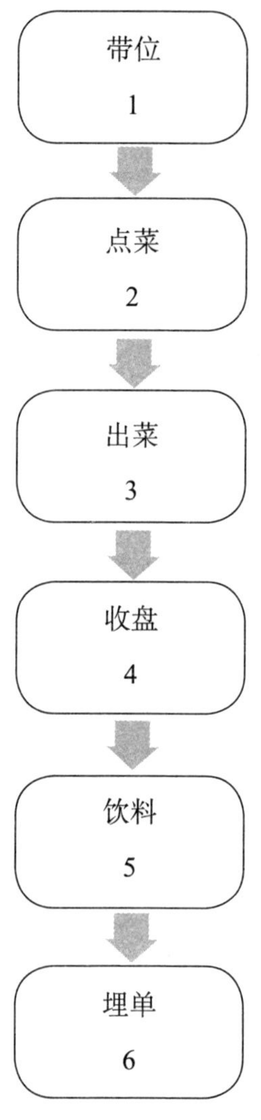

的下属一起来讨论，并请熟悉的人员各自描绘他当下的做法，并将这些步骤纳入 SOP。

拿餐厅 SOP 建立的第一步来说，其主要流程应如左图所示。

立足于这一主要流程，其中的每一个小内容都是再建流程的，点菜下面或许还有更详细的、与点菜相关的具体流程。

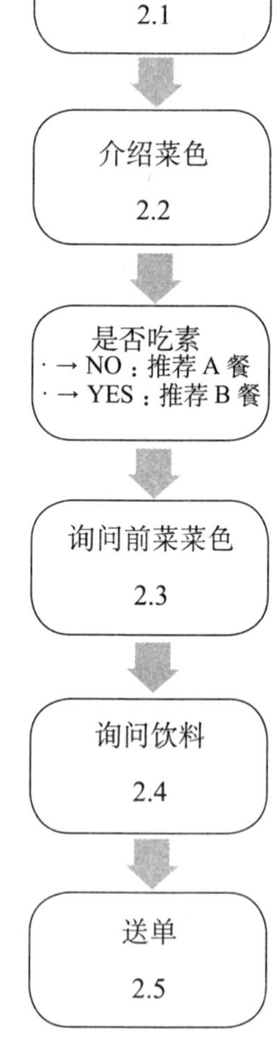

流程步骤应清晰易懂

为了使任何人都可以简单地阅读，SOP 架构中的小内容最好当成一本书的章节来写：一开始是大纲及概略介绍，而一个概略的流程如果还有细节，则再扩展成小节。不过，在这一内容中，管理者应搞清楚每一项主要工作是什么，需要什么产出、什么输入。比如，在“点菜”这一环节中：流程分解到上面一步时，每一个格子里其实还可以有更细的细节，而展开的动作可以是更细的流程，也可以是要点式的提醒与说明。

比如，在“介绍菜色”这项工作中，你可能已经对相关的菜品介绍得足够清楚了，仅需要放一些注意事项在“2.2”的子章节中，而它可以“2.2.1”

的方式出现，如下图所示。

点菜时应注意

1. 保持微笑。
2. 不要随便定义客人的关系。
3. 先从最贵的主餐开始推荐。
4. 问客人是否要喝酒。
5. 问客人是否吃素。
6. 保持气氛热烈。

这样创建了流程图后，每一次纠正下属的不良动作，或者有新人入职时，都可以把这张流程图给他看，并按流程图以及注意事项开展职前培训、职中技能提升。如此，他便可以知道，在实施每一个环节时有哪些绝对不能省的重要步骤和哪些注意事项。

更重要的是，这一流程在团队内部实现的是 SOP：下属学到的都是一致的标准动作。

每一步骤的界面切割清楚、定义明白

创建 SOP 时，管理者应将工作的界面预先规划好，以求每项工作的“切割点”可以很明确地被定义，而不会与前后工作牵扯不清。这样做最大的好处在于，不会有人认为自己负责的部分似乎做完了，但后面接手的人却认为对方的工作还未做好。

还是以餐厅 SOP 举例。拿“带位”来说，是定义“告诉客人坐在哪里”算工作结束，还是要等“确定客人坐定了”才算工作结束?

如果带位、点餐、上菜等一系列动作都由一个人来做，那切割点怎样

定义似乎都没有差别。如果带位与点餐是不同的人在做，那么中间便有可能出现问题：可能客人落座许久都没有人来点餐。

所以，管理者一定要将每个步骤的切割点定义明确：做事的人应怎样切断、怎样延续？后面的人应如何接手？这种切割方式所带来的最大好处就在于，它可以在实践上减少引发争执的“灰色地带”，使事情变得简单起来。

SOP 做起来的确不容易，但在精准指令上它是最有效的。正是因为这样，虽然在刚开始时会有些辛苦，但对于长期的团队精进与执行力克隆来说，这真的是必须去做的工作。

5

CHAPTER

评价：引导下属成为另一个你

美国管理学家彼得·德鲁克曾提出："正确的评价可以让你的队伍知道你要的是什么。"这便涉及"评价"的技巧：你认可的优秀下属什么样？你认可的行为有哪些？围绕你认可的一切进行有理有据的评价，将你不认可的引导向你赞赏的方向，你的下属便有更多机会变成你。

1. 两个关键：“要求”与“命名”

你期望尝试一种新的评价方法，它应立足于积极沟通，同时又将对下属的成果评价与组织中其他的事情联系起来，并且这种方法既要有效率，又要有效力。它要从哪里开始？阿隆基公司的做法或许可以带给你一些启示。

阿隆基公司由人力资源部、生产部与销售部三个部门组成，每个部门又有许多的小单位。公司的经理层在制订战略计划时表达了这样的忧虑：下一个 5 年内，若不采取一些适当的措施，那么，新的竞争对手将抢占本公司的大部分市场份额。

在经过讨论以后，高层指出了对维持业务至关重要的两个战略目标。

☞ 在下一个 5 年内维持或者增加市场份额。

☞ 通过减少废品数量提升利润率。

根据这两个战略目标，公司又在自身的年度计划中制订了两个具体的目标。

☞ 通过寻找与接触新客户来巩固与增加市场份额。

☞ 今年的次品、废品率应比去年降低 5%。

然后，公司的三大部门都对“如何完成公司长期、短期目标而努力”进行了探讨，并为此提出了一些战略目标，如人力资源部便制订了如下的五年期战略目标。

☞ 持续提供如何发现质量低下原因方面的知识培训。

☞ 建立鼓励下属寻找新客户的激励机制。

同时制订了如下的年度经营目标。

☞ 提升下属对产品质量的敏感度，并就产品质量的相关知识展开培训；寻找降低培训成本的办法。

☞ 对往日的招聘习惯进行反思，并思考如何招到、留住高绩效销售人员。

生产部与销售部同样制订了各自不同的目标。当然，这些目标都是与公司计划密切联系的。

这一过程在更小的单位中也以类似的方式进行着。比如，在人力资源部内部，培训科承担培训任务，人事科承担招聘、保留人才与设计激励制度的任务。

最后，在管理计划会上，每个分支部门的经理都给部门内部的每一位下属指定了可以反映部门目标的任务。比如，培训科的经理分配给一位下属调查培训需求的任务，分配给另一位下属调研提供低成本培训方法的任务。

经过这样的计划分配，阿隆基公司的每一位下属都为了实现公司、部门的目标而努力，而每一个部门又为公司的目标实现做出了各自的贡献。

许多管理者发现，不管公司中其他部门的人员在做什么，一年中花上一天时间会见下属并了解各部门在来年工作任务中的需求是十分有益的。这样可以激励与授权下属，从而减少“从上至下强制的纸面计划”。值得一提的是，部门的规模不到 20 人时，这种方法尤其奏效。

明确对下属的要求，需要获得信息与数据

对下属的评价之所以能够对组织或团队产生积极的效果，部分原因就在于它可以帮助组织、团队、管理者与下属朝着一个方向努力。因此，管理者与下属应对下述两项内容有足够的了解 ：

☞ 组织应该达到什么样的目标。

☞ 组织应如何达到这一目标。

对这两项内容了解得越多、越清晰，下属便越能将个人的工作目标期望与组织成功联系在一起。我们曾反复强调，这对下属是一件非常有益的事情，它不仅能够起到有效的激励作用，同时还能让下属意识到个人工作与公司整体的联系。

不过，什么样的信息与文档会在这一过程中产生帮助？

美国管理专家达尔 · 福赛斯认为，了解以下几项目标对建立下属目标与组织目标之间的联系可能会有帮助。

对下属与组织起到积极作用的目标

“大目标”：提出要求

- 公司的战略计划。
- 公司的年度经营计划。
- 二级单位（如部门与分部）的战略与经营计划。
- 你所在小团队的战略与经营计划。

“小目标”：正式命名

- 每一位下属的工作描述。
- 每一位下属上一考核阶段的评价信息。

对这些内容一一展开讨论，将帮助你懂得如何才能在评价的计划阶段更好地利用这些信息。

清晰战略与经营计划大目标

信息常常会在你需要时欠缺，但越是这样，你越应该充分利用已有的信息，而不是就此中止对大目标的探索。你拥有越多的大目标信息，你便越能将个人目标与团队、公司需要更好地结合起来。

一般来说，战略计划是公司制订的、在一定年度内应向何处发展的文件，它不仅包括公司的业务、价值与原则、设定期限的目标等，也可能包括影响公司业务的经济、人口等外部因素分析，以及为确定将来的目标而对过去目标的回顾、为实现公司长期目标所需要的资源等情况。

战略计划并非仅在组织这一层面上才能有，而是应该以阶梯状态向下传递：首先，它应该是公司最高管理者全面考虑的公司战略计划；其次，各部门或分部以此为框架，制订他们各自的战略计划；最后，这些部门或分部的内部单位又相应地展开他们的计划过程。

经营计划与战略计划略有不同，它一般以一年为期限，这种短期的文件更加详细，各个组织层面在确定的年度应达到的目标也往往更明确。就如同战略计划，经营计划也有公司级、部门级与单位级之分。理论上，年度计划是连续的，并应体现出战略计划的要求。

明确小目标信息

除了我们提到的大目标信息，你还会发现，另有两条信息即使并非是必需的，至少也是有用的。

◆ 你需要有每一位下属的工作描述——如果它存在

什么是工作描述？它是对某一岗位、工作任务与授权水平的具体描述。工作描述经常是为招聘人员设计的，其目的是向潜在求职者描述工作的具体情况，同时也可以作为确定工资水平的具体依据。

工作描述在管理与评价过程中会起到什么样的作用？如果做得好，那么它可以成为发挥个人工作积极性的良好起点，因为它简要地说明了工作任务与职责。如果你有好的工作描述，那么，你就可以利用其中的责任条款来制订相应的工作目标与期望。

◆ 你需要下属上一考核阶段的评价回顾资料与相关的文档

评价回顾与评价计划往往是连在一起或者需要同时使用的。为什么管理者需要这些信息？因为如果上一考核阶段中已经存在的某些问题仍然存在，那么，你就需要与下属一起采取行动将其解决。

若信息缺乏且现实不容回避

很多公司的管理者并不知道他们应该达成什么样的目标，更不知道他们要往哪里去，他们无法很好地计划大目标和小目标，因此，即使他们达到了目标，也往往是偶然的。或者说，他们并没有与下属一起及时地制订计划，并以此开展自己的管理工作。

如果你的公司或部门没有计划，那么你不可能逼迫自己的上司提出计划，但是，你依然可以根据自己手头所获得的信息来为自己所在的部门制订一些计划。如果你已经在公司里工作了一段时间，那么，你很可能对公司成功经营需要哪些因素有一定的认知。此时，你便可以运用这些知识，对自己所在部门未来几年或者一年内需要完成的工作做出简单的判断。因此，即使你上司的工作不够完善，你依然可以将每一位下属的工作目标与自己设计的部门目标联系起来，并确定最低要求是什么。

你必须了解你的工作部门需要达到什么样的目标，并以此在后期评价每一位下属的工作。

值得注意的是，哪怕你再用心，你也不可能将评价做得很完美。不过，既然它是一个人为的过程，它就不必太完美。这就意味着，你在做好了“要求”与“命名”以后，你就需要针对评价搜集信息，并将重要的评价相关内容搜集完成。千万不要忽略这一步，否则，下属非但不会成为下一个你，反而会成为你在内部复制自我的重大阻碍。

2. 依据成长要素，正视重要工作的评价

如果想要建立起一套合理、实用、与团队实际情况相符合的评价体系，那么，评价指标库是必不可少的。在具体的管理实践中，很多企业建立了自己的评价指标库，但在运用过程中却遭遇浅滩。之所以会这样，归根结底是因为这些企业在对评价指标库的具体使用上存在诸多的误区。

成立于 1996 年的托拉斯公司是一家位于美国加利福尼亚州的汽车物流行业企业，它主要提供各类汽车配件的批发与零售服务。经过十几年的发展，它已成为美国知名的汽车物流行业企业。

不过，随着公司业务规模的不断扩大，公司雇员也在不断地增加，公司在管理与经营方面遇到的问题越来越多。

为了更好地解决这些问题，该公司建立了看似完备的评价指标库，但在具体运用过程中，该评价指标库所收到的效果却并不理想：有些评价指标无法跟上公司变化，无法对公司新的工作重点及时加以调整；有些评价指标过于片面化，忽视了对整体工作过程的考核，导致下属在实际工作中为了完成个别指标而做出有损公司利益的行为；有些评价指标则是量化不够，管理者给出的评价结果主观性较强，使考核结果无法令下属信服……

一系列的问题都使托拉斯公司开始质疑：是否有必要继续保留已渐成鸡肋的评价指标库?

与托拉斯公司一样，在评价指标库的使用上存在误区的公司还有很多，究其原因，有方法层面上的，也有观念层面上的。

在观念层面上，很多团队或组织建立了评价指标库，但他们并不知道其真正的作用是什么。事实上，评价指标库是当期考核指标的备选库，其目的是为了实现对下属工作指标的动态管理。而在方法层面上的误区则多数是因为很多公司对建立评价指标库的方法并不是太了解。

事实上，要想在团队内构建一个完善的评价指标库，至少需要四大步骤。

找出并确定关键成功因素

在制订评价指标以前，组织应明确为什么要对这一指标进行考核，因此，首先需要找到两大内容：决定组织利润所在的关键领域、决定关键领域利润高低的关键因素。这两项内容都可以通过岗位职责分解获得。

在找出关键领域和关键利润因素时，其具体标准往往包括以下四个方面。

关键因素	
关键因素	对公司利润影响较大的因素
	该业绩领域中下属工作业绩波动较大的因素
	该业绩领域中改善潜力较大的因素
	与同行业或同级部门相比业绩数额差距较大的因素

各级下属的主要工作职责是关键领域的源头所在，因此，对某岗位进行关键利润因素的考核时，应从该岗位人员的主要职责入手。

利用四分法，确定指标名称

在找到关键领域和关键利润因素后，便可以使用著名管理学家格利·波特所发明的“四分法”来编写指标名称，即从“时间、数量、质量、成本”四个角度编写业绩指标名称。

这四大角度可以分别列出多项具体指标，比如，在企业想要针对某一项目进行员工业绩考核，在质量方面可以有“业绩达标率”“业绩优秀率”“业绩未达标人数”等考核指标，而其中最容易完成的是“业绩达标率”，最容易考核和计算的是“业绩未达标人数”。对于同一关键领域的考核，管理者应全面考虑在时间、数量、质量、成本四个方面如何进行考核。例如，“为企业内其他部门的人员提供恰当的协助”这一职责，便可

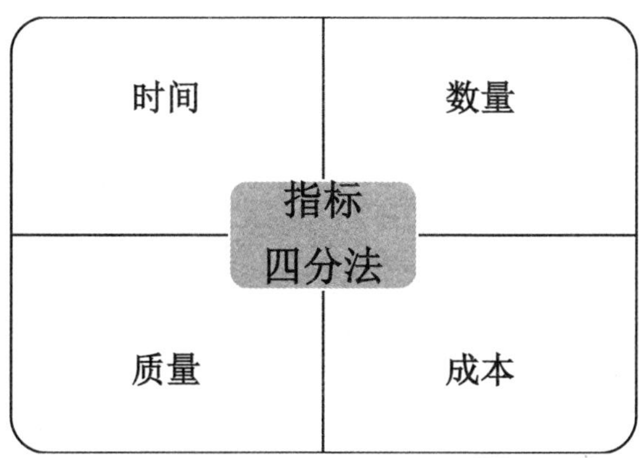

以从时间、质量等方面进行考核：时间方面，可以设置“协助是否及时”指标；质量方面，可以设置“协助质量”指标。

不过，很多时候，这四个角度会呈现出相互矛盾的状态。比如，质量的提升往往会伴随着成本与时间的增加。因此，在考核时，应注意在矛盾中寻求一种平衡，以求兼顾四大角度。

确定指标名称，并对考核指标进行定义

指标的名称与定义是相互关联的，但不能混淆。比如，上面确定的指标名称是“完成时间与计划相差天数”，而该指标的定义为“完成日期－计划日期”。

在进行指标名称和定义的设计时，比率往往是考核难度较大、计算程序较复杂的内容，如优秀率、及格率等。而同比增减率的考核是所有考核方式中计算难度最大的，因为该方法中涉及的数据包括当期完成值与上期完成值等。

如果是定性指标，那么，在指标定义中应对具体考核的行为标准进行明确而清晰的定义。定性指标考核主要应用于客服、培训等职能部门岗位中，因为此类工作岗位的特点决定了其工作业绩是难以用定量的方式来表述的。

在行为的量化方法上，最常用的是“分级描述法”。在该方法中，首先需要在指标定义中列出需要考核哪些行为、需要达成的具体结果。

比如，在对企业文化宣传干事的“完成规划质量”指标中，便需要列出“是独立完成规划，还是需要上级协助”，并在此基础上对需要考核的行为展开分级量化。

以100分为满分

- “超出目标”的标准是“在主管基本没有参与的情况下独立完成规划”。
- “达到目标”的标准是“主管给予少量指导就可以完成规划”。
- “低于目标”的标准是“在主管的大量指导下完成规划”。
- “远低于目标”的标准是“规划主要由主管完成，下属只是做一些辅助工作”。

通过此类分级方法，便可以将定性指标进行有效的量化。

根据岗位与工作内容，确定具体的评价周期

评价周期需要视具体的工作内容而定。如果是一项可以在季度内完成的工作，那自然应按季度来评价。

有些工作既可展开月度评价又可展开季度评价时，则应以“最能激励被评价者”的原则展开考核。值得管理者注意的是：

☞ 对基层岗位来说，如果评价周期设置得更长，反馈不及时，对被评价者的激励作用便会明显削弱。

☞ 对中高层或创新、创意性岗位来说，由于形成工作成果往往需要较

长周期，如果按月度评价，会使评价失去重点，激励作用也会大打折扣。

像“部门企业文化规划统筹”这样的工作，通常以季度为周期展开，因此最好采用季度考核；而对于销售人员而言，通常更适用于月度考核，因为唯有如此，才能尽快将工作业绩反馈给下属，对下属的激励也会比较及时。

通过上述四步，管理者便可初步建立起一个较为合理的、针对重要工作展开的评价体系。当然，在运用该方法时，也不必四个步骤一步不落地执行，你可以根据团队自身的特点增减项目，以使评价体系更适合本团队的评价工作。

3. 依据对目标造成的影响，衡量下属行为

在评价下属的过程中，有些管理者非常善于制定数据化的评价规范，但却将评价内容仅限于此。这种管理者并未采取措施帮助下属掌握新的、必要的行为规范，他们未能及时地向自己的下属提供除数据考核标准以外的其他标准，更未能通过恰当的管理使下属了解这样的事实：除了业绩，其实有些东西在个人工作表现中也非常重要。出现这些问题的关键就在于，他们并不了解真正能够促进下属成长的考核往往是由业绩、能力与态度三方面决定的。

杰克·韦尔奇建立的“活力曲线”被认为是给通用电气带来无限活力的法宝之一。通过这条曲线，他成功地将下属区分为A、B、C三个等级。

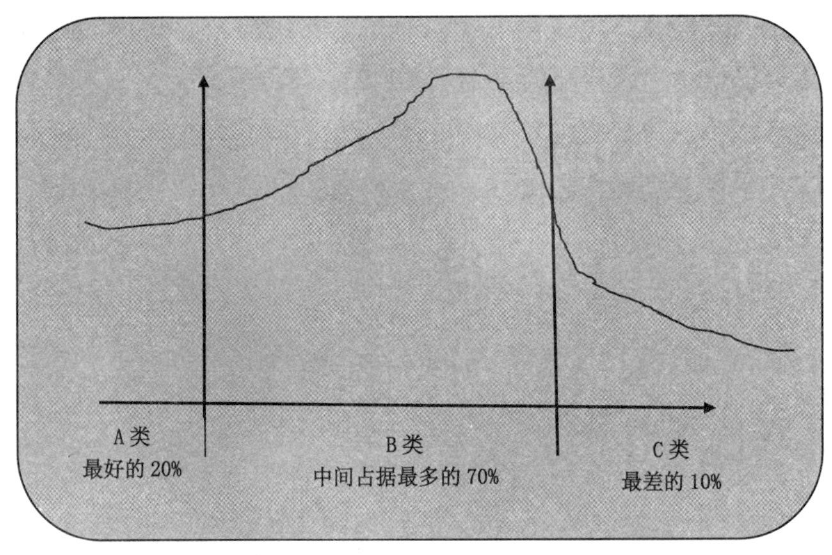

通用电气的活力曲线

从上图我们可以看到，该曲线以业绩为横轴（由左向右递减），以组织内达到这种业绩的下属的数量为纵轴（由下向上递增）。利用这幅图，我们可以很容易地区分出业绩排在前面的 20% 的 A 类下属、排在中间的 70% 的 B 类下属和排在后面的 10% 的 C 类下属。

A 类下属是通用电气内最有责任感、最有远见与工作激情、最具创新力的下属，他们不仅自身活力十足，而且有能力带动周围的人提升工作效率。

是否拥有这种工作热情是 A 类下属与 B 类下属的最大区别。通用电气每年都会投入大量的财力、精力提升 B 类下属的水平，而部门经理的主要工作之一就是帮助 B 类下属成为 A 类下属，而这也恰恰是该公司内展开内部考核的目的所在：通过考核，管理层才能够得知 B 类下属在哪些方面需要提升。

C 类下属则是无法胜任自我工作且会打击其他下属工作热情的人。韦尔奇先生认为，身为管理者，需要将此类下属从团队中剔除，以避免造成团队能量内耗。

通过“活力曲线”展开下属评价的过程中，管理者不仅会对下属的工作业绩展开考核，同时会对他们的工作态度、能力等软性文化方面进行评价，以使整个评价系统真正地帮助下属成长为管理者期望的模样。

有后来的管理者将“活力曲线”称为“末位淘汰制度”，并对其加以诟病，事实上，管理方法本身并没有绝对的对与错，只有适用与否。在“活力曲线”式考核中，我们可以看到的是，这种方式充分地激发了通用电气的整体活力。不过，相比于业绩指标的易于确定、测评而言，态度指标与能力指标应如何确定？

在我看来，通用电气的案例向管理者证实了，在对下属的评价过程中，管理者应立足于态度与能力两个方面来衡量下属行为对目标造成的影响。

态度指标的确定

态度指标主要来源于组织 / 团队的核心价值观。由于价值观的评价不如业绩指标那么容易量化，因此，很多团队管理者会放弃对态度指标的具体考核。很显然，一味地“以业绩论英雄”对团队的发展不利，而且也无益于将管理者个人的价值观传递给下属，而后者恰恰是造就拥有管理者个人特色团队的关键。我们早已迈过了单打独斗的年代，只有在团队的密切配合与相互协助之下，才能使团队与个人业绩更快速地增长，因此，对态度的考核是必要的。

除了管理者与下属要增强对态度考核的重视程度，在实际操作过程中，我们还需要注意以下几个问题。

◆ 依据 6 项指标，明确态度指标

不管是什么指标，都需要坚持“提倡什么，考核什么”“缺什么，考核什么”的原则。此外，组织应不分层级地提炼出一些共同的指标对管理层与下属进行考核，唯有如此，才能塑造出组织的共同价值取向。

在世界五百强企业中，他们将客户意识、协作沟通、主动高效、严格认真、学习创新、责任担当这六大指标视为极为重要的价值观，而每一位力求引导下属朝着自我期待方向发展的管理者都应将其作为重要的态度指标加以参考，并设计评价体系。

◆ 态度指标应围绕“行为锚定等级评价法”展开

态度指标不易量化，不过，想要对此展开评价，首先应该将你所认可的价值观放在事前：凡是加入组织 / 团队的下属，都应首先被告知团队价值观的内容，然后参与和团队价值观相配套的各类培训，如此一来，下属对公司价值观的感悟便会不断地得到强化。

这种培训并非让下属单纯地背诵、记忆价值观的相关内容，而是利用发生在公司里的事实、行为说明价值观。在评价时，每个结论都必须通过事实证实，而不能凭空想象。

在对态度指标进行考核时，可以采用“行为锚定等级评价法”，该方法通过典型行为或者关键事件对指标展开描述。

行为锚定等级评价法

例如，对“责任感”的指标等级描述如下。

1 级：缺乏责任感，总是完不成任务，习惯性逃避责任。

2 级：责任感欠缺，经常完不成任务。

3 级：有一定的责任感，有时完不成任务。

4 级：有较强的责任感，大多数情况下能完成任务。

5 级：有强烈的责任感，无论遇到任何困难都能完成任务。

◆ 确定“二八”权重，并以此设定态度指标

管理者需要注意的是，态度指标的评价权重应视不同类别的岗位性质来定。

在业务岗位的考核指标中，应以业绩指标为主、态度指标为辅。

对于不易量化或者工作难度较低的岗位，态度指标的权重可以适当加大。

对于10人以下的小型团队来说，态度指标不宜过于复杂，只需要确定一个统一的权重即可，如业绩指标与态度指标的权重可以分别占据80%和20%。

能力指标的确定

在对下属能力进行评价时，很多管理者设定了繁杂的指标，这些指标既不分层级设定，更不分岗位设定，甚至以执行能力、沟通能力等所谓的“通用指标”代替一切。这种指标不仅对团队业绩提升没有积极作用，对下属能力的培养与评估也无积极意义。

那么，能力指标应如何来定？

◆ 能力指标应与战略要求相匹配

组织内每一层级的能力提升都是为实现组织战略服务的，站在这一角度上来说，能力指标必须与战略要求相匹配。总体来说：

☞ 战略的制定、管控是高层的事，因此，高层能力应全面。

☞ 关键成功因素的达成需要靠中层完成，因此，中层是承上启下的关键环节，其能力也需要全面。由于不同部门所承担的关键成功因素不同，其能力要求也往往有所区别。

☞ 关键目标需要靠基层完成，所以，对基层下属的能力要求也应有所侧重与指向。

具体来说，高层、中层、基层三个层面的下属能力要求如下：

① 高层。

高层的主要工作是理事、管人。

理事，即制订战略目标与年度计划。

管人，即带领中层干部达成战略目标与年度计划。因此，高层的核心能力应是战略决策能力与领导中层干部的能力。

② 中层。

中层位于高层与基层之间，起着承上启下的作用。组织的目标是否能够达成，中层起着至关重要的作用。中层的核心能力是沟通、运营能力，以及带队的能力。

③ 基层。

基层是具体任务的执行层面，在很多具体的工作中与客户、市场直接接触，其服务水平与业务能力对于公司的业绩与形象起着关键作用。因此，基层的核心能力是专业能力、高效执行能力和创新能力。

需要明确的是，这些能力并非普通的能力，而是与组织的战略目标相匹配的卓越能力。企业需要根据自身的特点、岗位的不同情况设定高层、中层、基层不同的能力指标。

◆ 在能力指标考核过程中应注意的两大问题

在考核能力指标时，管理者需要注意结果的应用以及具体的周期。

① 能力指标评价结果的应用。

能力指标评价结果主要用于阶段性的人事决策，如在下属下年度的晋升、调岗、降级、培训等事项中作参考。

② 能力指标考核的周期。

能力指标具体需要多久评价一次并没有定论。仅从下属的各项能力来看，对下属核心能力的培养需要较长的周期，因此，考核周期应以半年或者一年为宜。

从下属层级来看，中层、高层的考核周期应放长一些，基层下属的考核周期应缩短一些。

将业绩、态度与能力三大指标相结合，不仅可以使针对下属展开的评价变得更加完整，同时也能够使评价结果能更真实地反映个体下属的具体情况，从而为下一步更好地辅导下属朝着管理者认可的方向前进奠定基础。

4．夯实表格基础，及时、如实地告知考核结果

任何积极有效的评价体系的核心都是对业绩的考核，而在进行业绩评价时往往要使用表格，这些表格既可以是纸质的，也可以是电子形式的，其作用就在于，它们能够清晰而明确地展示出下属的相关工作情况与评价内容。下图是一张曾在华为公司内部使用的评价表格。

初看表格，其内容相当详尽与完善，但事实上并非如此。在制作、使用评价表格以前，首先要看它是否具备所有必要的组成部分。

英国管理学家迈尔－舍恩伯格先生曾经针对评价考核表格的关键因素进行了总结，在他看来，不管是纸制的还是电子形式的考核表格，通常情况下都需要包括以下必要的组成部分。

下属的基本信息

在评价表格中，需要包含下属的一些基本信息，比如：

☞ 职位名称。

☞ 所属处室、部门与下属人数等其他工作群体信息。

☞ 薪资级别或薪资等级。

下属工作评价表

下属姓名：
所属部门：
就职日期：
评价日期：

等级评价：请对下属在以下几种要素上的情况进行评价。

	未能达到期望要求	达到大部分期望要求	达到期望要求	达到期望要求并略有超越	大大超过期望要求
灵活性	1	2	3	4	5
团队合作	1	2	3	4	5
口头沟通	1	2	3	4	5
书面沟通	1	2	3	4	5
主动性	1	2	3	4	5
决策能力	1	2	3	4	5
工作知识	1	2	3	4	5
工作质量	1	2	3	4	5
生产率	1	2	3	4	5
总分数：					

工作等级		工作描述	上升
不令人满意	0 ~ 15 分	未能达到本职位的职责要求，需纳入个人改进计划	**NA**
需要改进	16 ~ 31 分	达到主要工作职责的要求，但未能充分履行所有职责。在各项工作任务间的表现水平不一致	**1%~2%**
完成工作要求	32 ~ 37 分	达到所有关键职责的要求，工作表现自始至终都能达到既定标准的要求	**3%~4%**
超额完成工作要求	38 ~ 48 分	不仅能够达成所有关键职责的要求，而且可以承担与完成更多的职责，一贯是一位出色的工作者	**4%~5%**
大大超过工作要求	49 ~ 55 分	在所有领域中远远超过工作职责的要求，掌管主要工作项目；始终保持高水平的工作表现，且是本职位上的专家	**5%~6%**

注：表右所列出的上升百分比仅供参考。

下属的优势 / 擅长的领域：

____

____

____

____

需要进一步开发的领域：

____

____

____

与工作职责与开发领域相关的来年工作目标：

____

____

____

____

下属的自我评价：

____

____

____

____

____

下属签字：　　　　日期：

评价者签字：　　　日期：

此外，在评价表格中，往往还包括但不限于以下内容：

☞ 评价的具体日期。

☞ 评价者分管下属或与下属在一起工作的年数或月数。

☞ 下属进入组织的日期。

☞ 下属在当前职位工作的具体日期。

☞ 进行评价的原因。

☞ 当前的薪资水平和在本薪资区间中的位置。

☞ 预计的下一次评价日期。

职责、目标与标准

如果在衡量下属成绩时采取的是结果法，则评价表格的这部分内容就会包括在上级管理人员和下属之间达成共识的每一项职责和目标的描述，以及下属需要在多大程度上达成这些目标。

在很多情况下，还需要根据目标的重要性给不同的目标赋予不同的权重，以便计算评价结果。

最后，在这部分内容中，还应当包括描述下属会在什么样的环境下达到工作目标，这有助于解释下属为什么达到事先描述的工作水平。这样，一位上级管理者就能在进行面对面的沟通交流时，清楚地知道下属是在什么样的具体环境下达到自己的工作目标的，如经济不景气时期，或者引入新的产品生产线等。

胜任能力及其行为指标

如果在衡量下属工作水平时采取的是行为法，则表格的这部分内容就会包括需要接受评价的各种胜任能力的定义，以及可以反映这种胜任能力的各种行为指标。

主要成果与贡献

有些评价表格会要求评价者列出被评价者在整个评价周期内所取得的两三项主要成果。这些成果既可能是指结果，也可能是指行为，或者两者兼而有之。

个人开发成果

评价的这部分内容反映了被评价者在整个评价周期内在多大程度上达成了个人开发目标。这部分内容既可以包括对行为的总结，比如参加各种研讨会的情况及参加过的培训课程等，也可以包括对结果的总结，比如学到了哪些新技能。学到的新技能是可以通过相关文件证明的，如获得的专业证书等。

有些组织会在评价表格中包含“个人开发成果”这样的内容，有些组织则更倾向于将这部分内容制作成独立的表格。比如，著名洗化公司宝洁公司就是将这两类表格分开设立的。

有些组织则不将个人开发方面的内容作为评价表格的组成部分。这是因为，如果下属已经得到工作目标完成不佳的反馈，那么，他们通常很难以建设性的方式专心考虑个人开发问题。

开发方面的需要、计划及目标

这部分表格是未来导向型的，其中包含了下属按照某个具体的时间表来达成一些特定目标方面的信息。如前所述，有些组织选择创建一份独立的个人开发表格，而不是将这些信息纳入评价表格。

利益相关者的参与

在业务类、客户服务类评价表格中，还包含需要由其他利益相关者，比如与下属有密切接触的客户，填写的内容。总的来说，我们可以将利益相关者界定为掌握关于下属工作情况的第一手资料，并且会受到下属工作水平影响的那些人。

在大多数情况下，在向其他利益相关者收集下属的工作信息时，都会使用另外一份独立的表格。这是因为并非所有来源的工作信息都适用于对相同维度的评价。比如，对一位下属在“团队合作”胜任能力上的评价，可能是由其同事完成的；对“可靠性”胜任能力的评价，则可能是由其所服务的客户完成的。

舍恩伯格先生提示说，除业务、客服一类工作外，对其他与外界接触并不多的岗位，如文职、开发等岗位，最好不要添加“利益相关者评价”这一项，否则很有可能使下属误认为搞好人际关系远比做好本职工作更重要。

下属的意见陈述

这部分内容包括被评价者本人所做出的反应和提出的意见及看法。这部分内容除了给下属提供一个正式的参与机会，从而培养他们对评价体系公平性的认知，还有利于处理一些法律诉讼问题，这是因为它用文件的形式证明了下属是有机会参与评价过程的。

签字

大部分评价表格的最后一部分内容是被评价者、评价的管理者以及评价者的上级领导签字确认，以表明他们看过并讨论过表格中的相关内容。人力资源部也可能要签字，以表明认可表格中的内容。

舍恩伯格先生指出，明确前述关键构成因素，对于管理者培育以自我价值观与工作成绩为中心的团队文化大有帮助，同时也有利于下属评价体系的科学性、可验证性。不过，管理者需要注意避免那种完全依靠表格评价的倾向，“毕竟，评价表格只是下属评价体系的一个组成部分而已”。舍恩柏格先生如是说。

5. 不赞赏动机，只赞赏行为

创建带有管理者个人特色的团队的最好办法是进行经常性、具体与及时的赞赏。在优秀的团队文化中，赞赏从来不是管理的最终港湾，而是一条永不停歇的河流。

全球性咨询公司毕马威有超过 60% 的下属在一年 12 个月里都会得到价值奖励，而且其中很多人多次受到奖励。

这家仅在美国便拥有 19000 名下属的公司在 2016 年颁发了超过 36000 项奖励，其中有 90% 为下属做出的超额贡献奖。该公司在一年内有多达 11400 名下属得到了价值奖励，其中，表现优秀者平均一年要获得三项实实在在的奖励，而那些最高成就者得到的赞赏则更多。

之所以如此，最重要的原因就在于，该公司优秀的管理者意识到，表现最佳的下属不仅是公司与外界所推崇的人，而且更具讽刺意味的是，他们往往也是组织里最不安分的一群人。在许多情况下，恰恰是这种不安分的因素才驱动了诸多杰出成就者不断地以优秀水平完成任务。

毕马威公司的前 CEO 尤金 · 奥凯利直言：“我们重视这些表现优秀者，同时也深知他们身上所蕴藏的潜力与危机。幸好，我们使用正确的奖励方式将我们认可的行为在组织内最大化。”这种将口头与物质奖励相结合的方法，使公司内的下属愿意为了团队的成功而奋斗。事实上，他们发现自己落后于某个目标时，他们便会主动、自发地行动起来，去寻找一条通往成功的新路。

毕马威公司的成功再一次佐证了来自管理层的认可对下属产生的积极作用。虽然你多次听过赞赏对下属所产生的促进作用，但你或许并未意识到，通过赞赏表达认可其实可以对你与下属共同带来诸多好处。

得到管理者认可的员工往往会重复表现那一行为，因为他们获得了如何才能赢得管理者赞赏的新知。对于普通员工而言，这是一种重要的成功经历，而这将激励着下属在其他方面也不断地调整个人行为，以便获得更多的认可。

更重要的是，当你向下属反馈了对方的行为与成就后，其实就是在加强你们之间的联系：因为认可，你们之间会形成更坚固的信任关系，而这种信任是你获得其支持与认可的关键情感因素。

可以看到，对你的下属表达认可无须代价，但它却更有利于你打造一支带有明显自我特色的高效率团队。

所以，你应该将这一做法视为促进自己在公司里获得成功的法宝。不过，赞赏下属并非只夸赞对方“你真棒”“你做得真好”便够了，事实上，你还需要做到更多。

运用优质赞赏法

意义、影响与个性化共同组成了“优质赞赏”的重要原则。

◆ 意义

你使用“不错”或者“真的很尽力”一类空泛的口头赞赏表示你的认可时，你的赞赏其实并不能产生出色的效果。不过，这并不意味着你在任何情况下都应运用优质赞赏。事实上，只有下属表现出了对团队发展有着重要意义的行为时，你才应该运用此类赞赏，比如对方提前完成了既定的销售目标，赢得了一位对公司发展有里程碑意义的重要客户，解决了一项有可能造成组织声誉受损的重大问题等。

◆ 影响

你的赞赏事关对下属的评价时，最重要的地方就在于，你要让下属感觉到，该赞赏的价值与对方获得成就的影响力是相当的，至少应该是象征性的。更进一步，如果你能将下属成就的影响力与组织 / 团队所确定的价值联系在一起，那么，你离成功的彼岸便不远了。

◆ 个性化

来自管理者的认可是下属职业生涯中一次宝贵的体验，如果赞赏本身就是专门为某个下属展开的，那么它便会从“宝贵”变成“难能可贵”。

要想达成这一点，你就需要为下属创造一次个性化、有意义的赞赏体验。这就意味着，你有责任寻找一种与下属兴趣、品位与敏感性相匹配的赞赏方式：他是渴望一次彻底的休假，还是一次公开的认可？他想要工资上的提升，还是更希望获得权力上的扩大？这些都是你应该了解的。

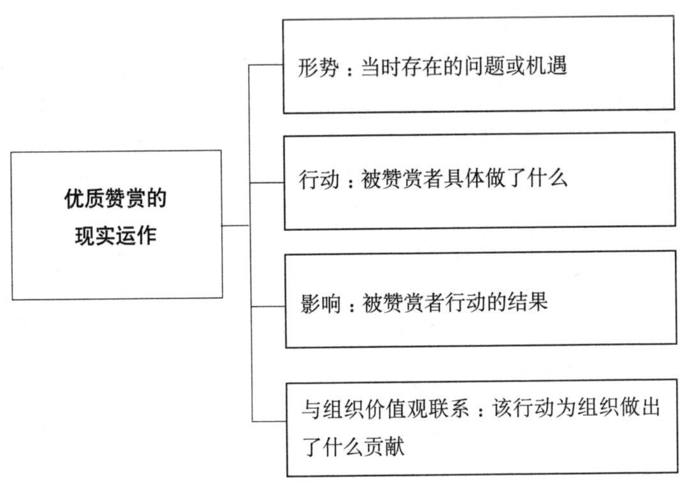

不断赞赏你推崇与认可的行为

21 世纪杰出的管理者杰克 · 韦尔奇说："我的管理理论是让每一个人都可以感受到自己的贡献，这种贡献看得到、摸得着，还可以数得清。"而这种"看得到、摸得着、数得清"便建立在及时对你所认可的行为的赞赏上。

当下属完成一份你感觉细节做得非常不错的 PPT 时，或者他以出色的态度接待了一位既挑剔又重要的客户后，他其实非常需要得到你对其工作的认可。因为对大部分下属来说，来自管理层的认可就是对其工作成绩的最大肯定。

这便涉及赞赏的第一关键所在：你需要在积极的时效内对下属所表现出来的、你认为正确的行为表达及时的赞赏。"你在接待 ×× 公司老板时，真的表现出了让我惊叹的出色态度。""你所做的 PPT 里，每一个细节都经得起推敲，很不错！"

当然，这种对行为的积极认可用得太多，其价值便会减少；但如果只是在某些特殊场合与下属表现杰出时使用，那么其价值就会成倍增加。你采用的方法可以是给下属发一封邮件，可以是打一通私人电话祝贺他取得的成绩，或者你也可以只是在团队面前拍拍他的肩膀、跟他握手，向他表示你对他某一行为的常识，而这一类非正式的小表彰远比公司一年一度召开的模范下属表彰大会效果更好。

给予行为上的一对一指导

来自管理者的指导往往会带来下属在个人职业生涯质的飞跃，这对于下属的意义无疑是重大的，而管理者在此过程中所付出的不过是寥寥的时间与精力。更重要的是，这种指导不仅会促进下属进入发展的快速通道，同时更会使下属意识到管理者对它的关注。对于下属来说，他们的确在乎管理者能够教授给他们多少工作技巧，但他们更在意管理者究竟有多关注他们。

既然下属在意管理者是否关注自己，那么，管理者就必须要学会利用肯定来进行反馈，在公众面前，这种肯定往往会产生事半功倍的效果：在办公室里一对一地赞赏某一下属，的确会对他产生激励作用，如果你在到处都是同事的办公大厅对他表达认可的话，那么，那些能看到、听到此事的人，都会因此受到激励。

这种赞赏行为在《杰克 · 韦尔奇自传》中也曾有所表现，只不过，韦尔奇先生使用的是便条式管理。比如，1998 年，韦尔奇在其下属管理者杰夫的办公桌上留下了一则这样的便条："一年多来……你表现出了出色的学习能力与精准的表达力，而你为团队的发展又付出了如此之多。现在，我许下承诺：只要你需要，我就会扮演你期望的角色——不管遇到什么样的事情，你都可以打电话给我。"

在完善韦尔奇先生的管理理念过程中，这些表示认可、充满人情味的指导式便条产生了巨大的作用，它们激励了下属，同时也肯定了对方获得的成果——这种尊重付出、及时指导的管理方法恰恰是韦尔奇可以成为出色管理者的关键因素。

让下属朝着你所期望的方向前进的最好方式就是真诚地欣赏与善意地赞许你所认可的行为。这就意味着，你应制订一个尽可能完善的赞赏方案，它需要将组织 / 团队的目标联系起来，同时更要让你所赞赏的行为有价值最大化的趋向——如果你能够确保你的赞赏是个性化、有针对性的，那么你的赞赏便会显得更恰当。

6. 有原则有技巧，“一对一”沟通更高效

为了使评价不流于形式，在一个周期的管理结束后，管理者需要在对下属的表现进行具体归纳以后，根据得出的结果，与下属展开面对面、一对一的沟通。这种“一对一”模式的面谈是为了使下属更全面地认知自己在工作周期内的优点与不足，以便在下一工作周期内改善不足、发扬优点，从而达到改善工作情况的目的。

很多管理者往往会犯这样的错误：在谈及下属工作中存在的问题时并不深入，未找到问题的本质就轻言放弃。如此一来，改进措施没有办法纳入下一个工作周期，评价的改善作用也无法体现出来。

盛高咨询针对这一问题的建议非常值得管理者学习。

① 这项工作中存在的根本问题是什么？请具体说一下。

② 这项工作给你本人的工作 / 部门工作 / 公司工作造成了哪些影响？

③ 造成这一问题的更深层次原因是什么？

（当下属回答一个原因时，追问一个为什么，一般五个为什么就可以帮助管理者与下属一起找到根本性的原因，从而更好地解决这一问题。）

④ 你计划采取什么措施来改进这项工作？

（措施应包括具体的工作思路、方法、步骤，以及谁来负责、什么时间完成。）

⑤ 针对你的改进举措，你需要我 / 管理部门 / 公司提供哪些支持与帮助？

在问题、影响、原因分析与改进措施等方面，管理者有必要与下属达成共识，否则面谈的改善效果就会受到影响。

此外，面谈过程其实是由管理者把握面谈节奏的过程，在这一过程中，恰当的发问将会有利于共识的达成。对于“如何使提问变得积极”，你可以参考以下意见。

明确四大提问原则，让面谈变得积极起来

在这四大提问原则中，首要原则就是“未准备好便不问”。

◆ 没准备好听取真实的回答时，便不要提问

有时候，管理者更愿意听到自己认为理想的答案。在这种情况下，如果没有面对现实的勇气，便不要提问。比如，如果你不愿意听到他人说你是一名坏主管，那就不要问：“你认为我的管理方式是好的还是坏的？”

只要发问了，你就必须尊重自己得到的任何回答，更不能出现任何过激反应。

◆ 以“为什么”开头，会让人产生防御心理

如果非要问出原因，那么不如改成其他说法。比如，与其说“你为什么总是迟到”，倒不如试试“是不是路上有什么情况，让你这段时间无法准时到达办公室”。

◆ 不要通过问题间接表达你的意思

这种说话方式常常被用于父母与孩子之间的沟通，因此被认为带有操纵性。比如，你问下属：“你不认为自己应该更积极地面对工作吗？”事实上，你是在告诉他，“你在工作态度上太懈怠了”，这只会引起下属的不信任。

◆ 避免复合问句

复合问句其实是将几个问题包含在一个句子里，这很容易让人迷惑，并会因为回答者未能理解问题的真实含义而得到低质量的回答。举个例子：“你为什么周四早上经常迟到，而周五下午经常早退呢？”事实上，这

是两个问题——这样问，这两个问题你都得不到很好的回答。

把事情分开来提问，你得到的回答也会清晰起来。

需要警惕的是，不管对方回答的是什么，只要他的回答没有离题，没有带有侮辱与污蔑性质，你就不能打断他。始终怀有友善、“我愿意倾听”的态度，才会让下属愿意向你倾诉自己遇到的工作问题。

把握好两大重要技巧，让沟通变得高效

面对面的沟通能力其实是一项重要的管理能力，它有可以遵循的技巧，如果掌握得好，管理者便能够控制沟通局面，推动面谈朝着积极的方面发展。美国著名沟通学家劳伦斯·纳迪认为，在面谈时遵循 BEST 反馈与汉堡原理，最能让沟通围绕“工作状况”本身展开。

◆ BEST 反馈

所谓 BEST 反馈，是指在针对下属在工作周期内的表现时，按以下步骤进行沟通。

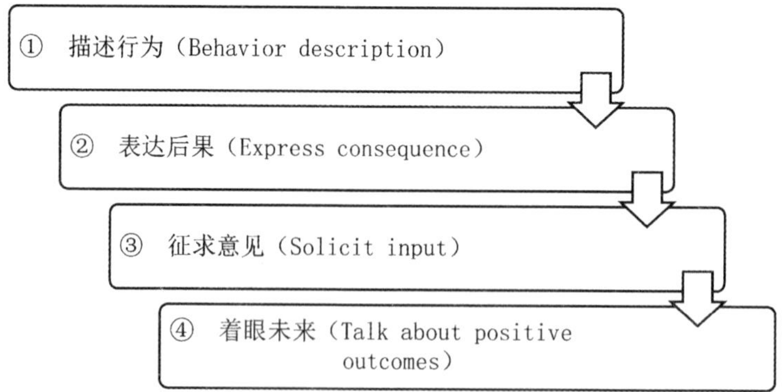

BEST 反馈又被称为管理过程的“刹车”原理，这一“刹车”体现在沟通结尾处。管理者在客观地指出问题，描述了问题所带来的影响、后

果，并征询了下属的想法后，就不可再打断下属，而是要适时地停止发表意见，以聆听的态度，让下属充分地表达意见与见解，在鼓励下属自己寻找到解决办法的同时发挥其积极性，最后管理者再做出总结即可。

某公司财务部的小王常在制作表格时犯错，在进行工作沟通时，管理人员便可以采用 BEST 反馈。

B：小王，3 月 7 日你制作的表格中又有三处数据与现实情况不符合，这已经是你第三次犯同类错误了。

E：你的工作出现失误，使公司的财务汇总速度变慢，这影响了整个公司的运营，甚至有可能导致重大的财务损失。

S：小王，你是怎样看待自己的错误的呢？下一步你要采取什么措施改进呢？

小王：我准备……

T：你的改进意见很不错，期望你能够在下一个考核周期中做到你所承诺的。

◆ 汉堡原理

汉堡原理是一种“赞赏—问题—支持”夹心式的沟通办法。

① 先表扬优点，给予鼓励。

② 提出需要改进的特定行为表现。

③ 以肯定与支持结束。

汉堡原理在沟通过程中主要起到提醒作用：沟通的目的是为了寻找问题的解决办法而非寻找下属的过错，整个沟通是推动性而非威胁性的，因而才将指正不足放在中间，将表扬放在两端。这样做恰恰是为了使下属意识到，评价并非为了挑错，而是为了促进他个人的成长，从而减少下属对周期性评价的抵触情绪。例如：

“小李，在上一轮考核中，你在销售方面做得不错，不仅超额完成了考核标准，还开发了不少新客户，这些对公司的发展极有益处，值得提倡！”

“工作中表现优秀的地方，希望你继续保持下去。另外，在考核中我发现你也存在一些需要改进的地方。比如，有些客户反映你的售后跟进做得不太到位，在产品售出后，并未按‘三个月回访两次’的频率打电话。这很有可能使客户误以为我们并不重视售后服务，从而使客户对售后服务质量产生怀疑……我想听听你对这个问题的看法。”

小李：“我是这么想的……”

“你对这个问题的想法很不错，那我们将它列入你下一步的改进计划中，好吗？

……

一对一的面谈是管理者与下属之间针对工作改进展开探讨的过程，通过这一过程，管理者不仅可以履行“帮助下属成长”的职责，同时可以进一步将自己认可的行为以具体的阐述表达给下属，而下属也可以获得新的成长机会。将上述原则、技巧结合自己所在公司、所面谈的内容进行具体的创新，你就能发现，下属与你皆在面谈过程中有所收获。

7. 呈现评价与行为的关联，培养下属各负其责

管理者都希望自己的下属可以遵守组织的规章制度，并为了实现组织战略目标而努力。可是，在工作过程中，下属难免会犯一些错误，比如，做一些如经常迟到等违反组织规章制度的事情，以至于工作效率低下。此

时，如何进行有效的处罚，以便改善他们的行为，便成为管理者思考的问题。不幸的是，很多管理者并不知道什么样的处罚才是恰当的。

我还记得自己在刚刚担任管理职务时的一次经历。

在前三个季度里，下属A的工作业绩明显低于平均水平，并且已经引起了上层经理的注意。

当时，副总经理将身为项目小组组长的我叫过去讨论了这一问题，并明确指出，希望我可以采取一些措施："给他一个月的时间进行改善。如果他还没有进步，就让他走人！你必须对此负责，否则，下一个该训诫的人就是你了！"

这个任务落到我头上后，成了我不知如何去解决的问题。

那一天，我一直坐在办公室里苦思："我一直对这件事情睁一只眼、闭一只眼，希望A可以主动改善工作状况。现在一切变得更糟了……就在本周，他又导致了两位老客户的流失。可是，我要怎么开口？难道要告诉他，他再不努力就要卷铺盖走人吗？我做的是什么工作啊？本来不是我的错，为什么我必须为此而难受、而受罚？"

如果你在管理职位上已经待得足够久，你便会理解我当时的感觉：处罚下属从来不是一件简单的事情，但它又是管理者的职责。如此一来，我们便需要考虑这样的问题：怎样才能利用评价的结果为处罚行动提供依据，以使处罚行动促使下属担负起他们本就应承担的责任？

很多管理者错误地将处罚误以为使用各种形式的惩罚手段，比如，加班或者做额外的工作。其实，处罚是管理工作中一个不可缺少的工具，如果运用得当，则可以使下属改变如迟到、旷工、随便请假等不良行为。不过，我们首先需要明确下属犯下的是怎样的错误，什么样的处罚才是既合理又恰当的。

分析问题下属的行为

积极的处罚的第一步是检查下属的行为。事实上，管理者对下属不合格表现的描述是一个极其重要的开端。很多管理者习惯使用负面的措辞去描述下属的问题，比如，“态度不佳”。如果你想要准确地阐明你认为下属是“态度不佳”的，你就需要多做出一些客观的评价与描述，说明特定情况下应如何以更好的态度来完成工作的大量细节。同时，你还要表明，到底下属做了什么事、说了什么话，才使你认定他是“态度不佳”的？

我们能够管理的只有行为，对下属行动动机展开揣测不仅是徒劳之举，而且也无法获得法律的有效保护。因此，你需要以事实为依据展开分析，而且，这种事实越多越好。鉴于管理事务的繁多，你极有可能会对下属的某一重要行为遗忘，在这种情况下，记录便成为最好的办法：记录下下属被你认定“态度不佳”的行为与语言，以及此类语言对团队内其他人产生的影响。

计算出一个问题行为产生的成本或者态度

下属的问题行为可能会造成或大或小的损失，在这种情况下，依据损失大小进行惩戒便是必要举措了。

什么样的损耗需要给予惩罚

下面是一些应当考虑直接计入财务成本的例子：

- 旷工或病假期间支付的工资。
- 被降低的生产效率。
- 给予下属的补偿费用和处理事故的相关费用。
- 因错误而提高的成本。
- 因影响其他下属的士气而造成的损失。
- 管理者必须付出的额外时间。

收集相关资料

除了描述出现的问题并计算因问题而导致的费用增加，管理者还需要收集相关的资料。

☞ 你有什么具体的证据吗？

☞ 你有哪些证人的证言？

☞ 你是否有可供使用的报告？

☞ 这些证据中有多少是你亲眼所见而非道听途说的？

因此，制作一份档案是十分必要的。这份档案或许不会直接用来作为处罚下属的案例资料，但不管怎样，管理者在采取惩处措施以前将下属的一些情况总结在一起是非常重要的。

密切关注自我行为

在关注下属行为的同时，管理者需要密切关注自己的行为。下面的几个问题都与此相关：

☞ 我失败在哪里？

☞ 我已经落下了哪些本应我去做而我却没有去做的事情？

☞ 我是否可以帮助下属矫正他的缺点？

☞ 是否有一些我可以做的事情，能够帮助下属的工作表现获得有效提升？

我们并不是在指责有些管理者缺乏反思能力，而是在指出这样的事实：对于一名管理者而言，如果他自身拥有糟糕的缺点，那么，让他发现并矫正下属的缺点将非常困难。

选择恰当的惩罚行动

管理者可用的惩罚手段有很多，不过，让其带薪停职处分是最无用的一种，这种方式无异于向下属传达这样一种信息：我们解决你工作问题的唯一办法就是让你离开你的工作岗位。下属得到惩罚了吗？没有，他们可以在家中看着电视、喝着咖啡，依然有薪水可拿——这明明就是不太光彩的“带薪休假”。如果下属的自尊心程度低，那么，他很可能会故意降低工作表现来获得这样的“休假”机会。

除“带薪停职处分”以外，以下几种惩罚行为是可以采纳的。

◆ 下调薪水

通常情况下，下属对变动薪水的反应非常强烈。这表明，报酬是一种会明显影响下属表现的因素。

在评价过后，一些管理者习惯以“提薪与否”来作为下属工作表现优秀与否的相应举动：一贯表现好者提薪，表现不佳者不提薪。在这一制度下，有些表现不佳的下属会因为每日准时到岗或者工作年限增加而得到奖励。这就会传达给下属一个令人迷惑的信息：如果我的工作表现真的很糟糕，那么，公司为什么还会给我加薪？

因此，报酬应该仅仅针对工作表现：什么时候你停止了干活，什么时候就停止给你加薪。在评价考核后的薪水复核时，管理者也应选择是给下属增加薪水还是减少薪水。有些下属的表现的确只应得到比前一周期更少的报酬，继续以他们过去的表现为标准来付其酬劳，实在是给得太多了。

◆ 职位变动

职位变动对管理层工作表现低下更有刺激作用。想象一下，一位部门经理因为部门工作表现不佳而被调离了本岗，调往非管理岗位上，这明显是一种非常严厉的惩罚措施。

◆ 发出最终警告

大多数的持续工作表现不佳都要求有一个最后警告，受到最终警告的下属，要么彻底地改变自己的表现，要么卷铺盖走人。这种方法往往可以在最后阶段有效地挽救大量下属。

最终警告多以书面通知的方式做出。

在警告通知书上必须写明以下内容

- 下属必须改正什么行为。
- 改正行为必须在什么时间之前完成。
- 如果不予以改正，则将发生什么后果。

因为这是最终警告，所以，如果下属不履行警告要求，后果基本上就是被解雇，或者给下属一个主动辞职的机会。

一般来说，针对最终警告做出一些讨论也是可以的，但这绝不是一场讨价还价的谈判。毫无疑问，此时管理者不能说模棱两可的话：这不是协商，而是警告——你必须要让下属意识到他正处于被解雇的边缘。

管理者还需要了解的一点是，对于管理过程中出现的一些特定的、令人不愉快的事情，若严重、恶劣到一定程度，公司便可以立即解雇下属。

注意！下属如果犯下这些错误，则可立即解雇他！

这些行为的范围会因管理者的不同判断而各有不同，但它们可能会包括：

- 偷窃。
- 对上司指令顽抗。
- 在工作中饮酒。
- 明知故犯，进行危险作业。
- 蓄意破坏公司运行秩序。

可以说，将具体工作结果、下属行为与管理行为相结合，使优秀者得到奖励，使工作表现不佳者得到惩罚，管理品质才能够得到有效的提升，管理者的权威才能够在“奖罚得当”中得到体现，团队内各负其责的积极氛围才能够得以建立。

6

CHAPTER

复盘：把你的经验转化为下属的能力

“传递经验”是管理者的重要职责。只有将团队与自己的经验复盘，并进一步演变成可在团队内推广、实践的经验，你才能让下属透过平凡的日常工作，汲取迅速成长所需的营养，进而变身成为你期望的人才。

1．将值得复盘的内容在团队展开研讨

从本质上来说，工作过程中的每一项内容都有其独特性，但在团队中发生的大部分活动或任务都不可能是一次性的事件，不管是与合作伙伴展开谈判，还是在新目标地点举办一场展销会，团队往往会重复性地做某件事情。在这一过程中，管理者的目标非常简单：每重复做一件事情，都要比上一次好一些。

为此，你需要在每一项工作经历了一个有意义的阶段后——比如，完成某一重要项目的筹备、打响了一场成功的市场推广战役——腾出一些时间来，回忆刚刚发生的事情，总结经验，为将它们传达给下属做准备。

在谷歌，有产品或重要功能问世时，项目组总会举行“事后讨论会”。项目管理者先进行项目总结，然后根据自己所做的总结与提炼出来的问题，鼓励全体成员讨论到底哪些行为做对了、哪些行为是错的。之后，管理者再进行内容综合，并将讨论结果公布，让每一个人都能从中学习。

沃尔玛也有同样的项目：他们每新开一家店，都会进行复盘，由新店店长总结出日后开店需要注意与改正的错误，以及最佳的实践行为，并将此内容与其他分店实现共享，促进组织的整体运作优化。

这就是经验复盘的具体运用。想要养成与这些优秀组织一样的习惯，管理者就需要项目完成后，率领团队就诸多事项与活动快速复盘。这些复盘并不一定需要在专门的时间、用正式的方式展开，不过，总有一些特殊的事件或活动值得你专门花费时间进行复盘，进行深入的研究，然后决定是否与团队展开讨论。

需要展开团队研讨的四类事件

在我看来，以下四种情况值得展开团队研讨。

◆ 新的事情

如果某一活动、项目对你而言是新的，你与你的团队都是第一次做，那么，在做完以后，不管是成功了、达到了预期的目标，还是未达成目标，你都可以迅速地对其展开复盘。这种复盘是为了从中摸索经验与教训，以便在下一次遇到此类项目或任务时，可以更有效率、更优质地完成。

◆ 重要的工作

对于重要的工作，这种重要不管是因为所需的资源多、需要协调的部门多，还是因为事情的结果影响大，都需要管理者格外慎重。为此，你不仅需要在事前以群策群力的方式展开计划，同时还要在事后针对事情展开复盘，及时总结，以便下一次做得更优秀。

◆ 有价值的事情

如果你需要新组建一支团队，或者当前的团队经过了较多的人员调整，那么你需要进行一次复盘，以帮助者团队成员快速了解一些相关的常见工作、任务或问题的处理方法。通过复盘，团队成员不仅可以学到处理问题的知识与技巧，同时还可以通过你的有效引导积极地相互了解，日后协同配合工作也将更到位。

◆ 未达成预期的事情

如果你就某件事情在事前进行了预测，认为它应该达到某一水平或高度，最终结果却出现了一些偏差或缺陷，说明你或团队对此类事件的规律掌握程度并不高，应对能力可能还存在一定的欠缺，而这正是你与团队需要提升的地方，或是你们可以从中学习的机会，因此，及时复盘便成了一种必然。

对于此类未达成预期的事情，复盘所起到的更重要的作用在于，你可以通过它来迅速地制定改进或者补救措施。通过复盘结果的分享，也可以让团队内的其他人不再犯此类错误——这对于完成管理者的指导职责是至关重要的。

依据项目回顾结构，展开任务讨论

管理者应先画出一张项目实际进展流程图，然后确定各个阶段的核心任务、关键步骤与决策点。使用这一方法，你可以发现在项目之中 ：

☞ 哪些内容延迟了。

☞ 哪些内容提前了。

☞ 哪些内容完成的效率极高。

☞ 哪些内容过分拖沓。

☞ 哪些部分是现阶段项目成员并不了解到底做到了哪一步的。

☞ 哪些内容是大部分成员认为完成得最好的。

在英国石油公司，许多业务部门都制定了一种名为“项目回顾”的机制。它或许是对某一简单项目的结项总结，在项目小组解散以前，花费两小时时间，对该项目的经验与知识进行迅速有效的总结，以保证学到为日后工作服务的经验；也可能是对某一复杂的大型团队合作项目的阶段性回顾，针对该项目，重要成员花费两天时间，对涉及的内容进行讨论，以方便进行经验总结。

我们将这种项目回顾结构用在了管理者的复盘研讨过程中，发现其效果明显。具体来说，在这种项目回顾中，你需要先想好以下议题的答案，然后再带着答案与下属讨论，以获得更多、更广泛的经验与意见。

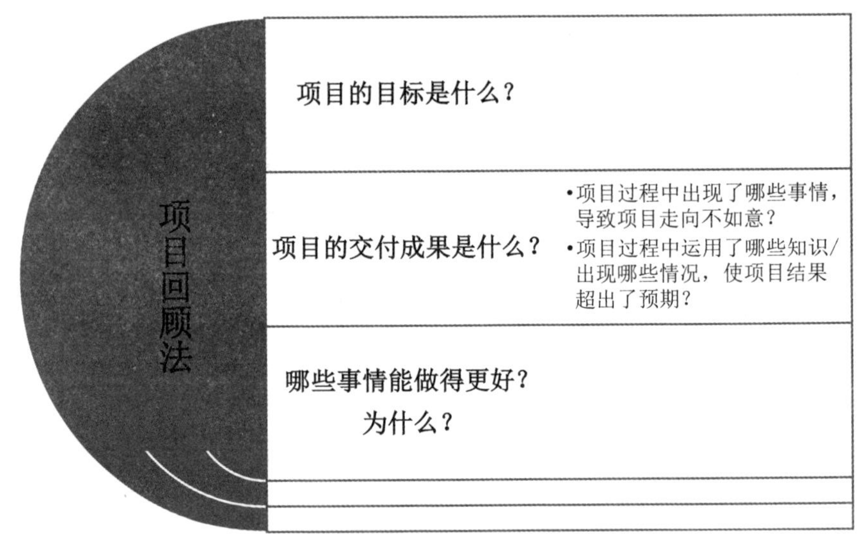

重点分析成功的经验

如果你想将自己的经验真正地传达给下属，那么，你就必须从成功的地方做起：下属们需要从你这里获得积极的信息，这可以帮助他们以你为参照物，实现下一步的优质工作。

因此，你应询问自己：

☞“在该项目达成过程中，决定我与团队成功的关键是哪几步？”

☞“在项目中，我与我的上司都认为做得很出色的地方是哪里？”

在得出初步答案后，多问几次“为什么”，这会帮助你更快找到真正的优质经验。

在此过程中，你应秉承客观与实事求是的态度，排除感情色彩，找出成功的原因，总结出重要的、可以重复使用的建议与经验。

找出困难与自己认为的改进建议

是工作都会有缺憾，当你分析出项目中的不足之处以后，你需要放眼未来——经验传递成功的关键在于不纠缠过往的错误，只找出容易犯的错误。这就意味着你应该提炼经验、总结建议。

以下问题将会对你产生积极的作用：

☞“在既定的信息与知识条件下，我是否有机会做得更好？”

☞“在现有的信息与知识条件下，如何将下一次的项目做得不一样，以保证团队可以获得更大的成功？”

☞“根据我现在的经验，我需要将来对此类项目小组成员提出哪些有效的建议？”

☞“如果下次依然有机会主持类似的项目，那么我会在哪些方面采取不同的做法，以便做得更好？”

带着自己做出的这些回答，在进行团队研讨时将之告诉团队成员，同时听取大家的意见，这样不仅能达到传授经验的目的，而且能使自我经验得以丰富。

需要注意的是，在展开团队研讨的过程中，管理者一定要注意我们之前提到的“沉默者”的力量：密切关注人格倾向敏感内向的那批人，他们天生的细腻与敏感决定了他们在经验复盘过程中能够发挥别致的积极力量，如果你能够调动起他们的积极性，那么，这种立足于个人经验展开的团队研讨将会更有效。

2. 让过往经验变身团队认知

对很多管理者来说，复盘都是一个新鲜的词语。其实，“复盘”的含义来自围棋。

对一名专业棋手而言，复盘是他们在围棋界精进的重要工具。有关这一点，我们所知道的最出色的例子就是中国的年轻棋手柯洁。

2017 年 5 月 27 日，柯洁与人工智能“阿尔法狗围棋”进行了三场对抗，代表人类棋手捍卫“最后一块智慧高地”的柯洁最终以三连败泪洒现场。这场对抗对年轻的柯洁并非毫无意义：对普通人而言，柯洁变身为与“上帝”交过手的年轻人。

在柯洁自己看来，与“阿尔法狗”的对战让他对围棋的理解上升到一个新的高度，而复盘就是他理解人工智能的主要渠道。通过对与“阿尔法狗”对战的过程的重新思考，他不仅过滤了对局时的不良情绪波动，获得了一种站在画面外看画的角度，同时有了一种局外人的从容，这使他更有机会学习“阿尔法狗”在对战之中的精妙之处。

这种复盘给柯洁带来的是棋艺与抗压力的精进：在 2017 年 7 月 17 日的世界围棋等级分榜单上，领跑的柯洁以 3578 分再创历史新高。这一分数令整个围棋界震惊：要知道，等级分排名越靠前，分数上涨便会越困难，而柯洁在短短两周内便上涨了 21 分，实属罕见。

不仅是柯洁，其实很多围棋选手都将复盘视为增长棋力的最重要方法。复盘对于提升棋力有两种核心方法：

☞ 在师傅的指导下，对前人或对手的经验进行积极学习，通过复盘做到学会看谱、识谱、记谱等。

☞ 为了进一步熟悉下棋技术，通过复盘回顾棋局，分析自己在下棋过程中的得失，从而将经验或失败转化为自己的技术，进一步提升个人棋力。

当我们将复盘借鉴到管理领域时，为了准确把握其定义，我们需要首先将复盘的定义搞清楚。

搞清楚“复盘”与“总结”的不同

很多管理者之所以做不好经验转化，原因就在于他们将复盘与总结搞混淆了。

在我看来，总结只是对某一项目完成的结果与目标进行对比式分析，然后得出结论：是否完成了目标？没有完成目标的原因是什么？

相比之下，复盘所涵盖的范围更广、更专业：它对整个项目的整体过程、执行过程、结果进行了全面的回顾，即在经验传递以前，在脑海中将事件重新经历一次。这种经历产生了一种“第三人视角”，事情还是你做的，因为脱离了当时当地的处境，摆脱了时间与环境压力，你将更从容地去斟酌某一环节进展不顺利的具体原因是什么：虽然最终达成了目标，但某一环节是否可以再优化？如何将经验在团队内传递？

可以看到，复盘关注的是过程与结果，它比总结更加全面，因而观察到的问题也将更多、更全面。

举例来说：我曾率领团队参加了一个展会，在参展过程中，因为该展会的类型与往日参与的类型不同，再加上准备不充分，犯了多种低级错误，但最终我们依然顺利地完成了既定目标。如果只是关注结果，这好像是一次圆满的活动。如果关注过程与结果，我们便会将那些低级错误一一记录下来，以免日后再犯，因为如果不发生这些低级错误，那么展会或许会获得更好的效果。

这便是复盘与总结的最大差异所在。

复盘的三大关键词

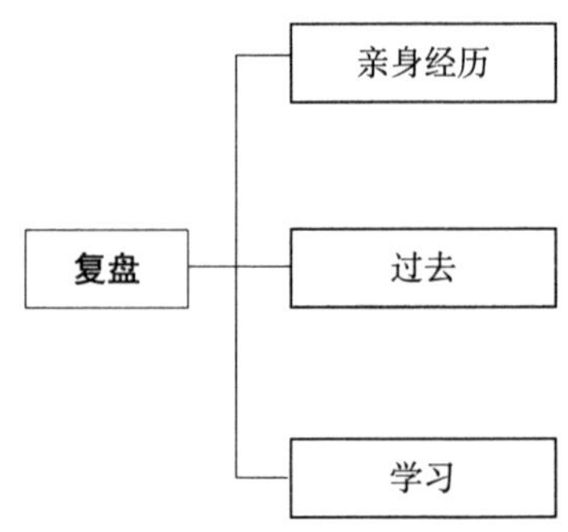

在复盘的三大关键词中，亲身经历是首要词汇。

☞ 亲身经历：不管你在团队内想要传授、转化的是技能还是管理方面的知识，你复盘的对象都必须是你亲身经历的内容。举例来说，如果你不是俞敏洪，你就很难对新东方的经验进行复盘；如果你没有经历敦刻尔克战役，你便不可能对这场战役展开复盘。

☞ 过去：对尚未发生的事情，你或许可以预测结果，但复盘要求将确实发生的结果与预想的目标进行对比，从中学习，才能进行真正有效的积极学习。而那种只停留在脑海里的设想是无法促成复盘的。

☞ 学习：复盘是以学习为导向的，它并不仅是为了提升团队绩效，也不是为了方便你进行总结，而是为了从过往的经历中提取经验与教训，以起到促进团队成长的作用。

复盘到底要如何做

复盘是一种以学习为导向的结构化总结，其目的是管理者通过系统的工作，促使团队从复盘中学习与提升。因此，我们必须将学习的逻辑嵌入自己的具体复盘过程中。想要做好复盘，管理者就必须做好下述四个阶段。

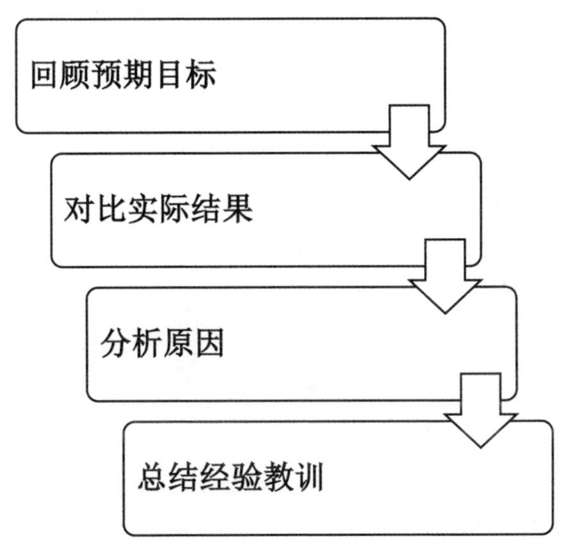

回顾：你对项目的目标是什么？

复盘始于对预期目标的具体回顾，即“无目标不复盘”。若没有目标，或者你本身对目标的认知就有误，那么，复盘就相当于在沙子上建高楼：对目标的不明确，会导致评估与结果产生巨大的差异，由此带来诸多的问题。

因此，在针对某一项目进行复盘时，你需要先回顾一下自己最初对该项目的目标设定是什么？事实上，只有拥有了清晰的目标，你的经验才会有输出的基础，你才会知道后期需要汲取哪些经验、规避哪些教训。

对比：将实际结果与目标相对比

想要进行经验传递，你就必须对已经发生的事情进行回顾与分析，那么，实际结果与目标相比便成了一道必要的程序。

过程中，哪些地方做得比目标好？

哪些地方未达到目标的要求？

找出亮点与不足，你才算完成了对比。

分析：对比成功与不足

这也正是管理者在进行经验传授前的必要举措。

你需要找出错误的原因，并采取措施将之改正。

你需要分析成功的原因，并找出真正将行为引向成功的关键要素。

唯有基于这样的分析，你才能够做到“知其然而知其所以然”，才能够找出那些值得坚持并推广的经验与做法。

总结：展开双环学习

总结经验、分析教训，学习的过程便发生了。按组织学大师克里斯·阿吉里斯的说法：如果你对问题的分析仅停留在对事情本身过程中的因素分析，便可能会产生“单环学习”。只有在复盘的过程中质疑了目标的设定、反思了影响目标设定的政策与规则等深层次因素后，你才算经历了“双环学习”。

可以看到，复盘有其自然的内在逻辑。如果你想让过往的操作经验变身成整个团队的认知，那么这些对复盘的基本认知是必不可少的。

3. 倾听不同角度的声音

阿尔弗雷德·斯隆被誉为美国“第一职业经理人”，在担任通用汽车公司董事长兼总裁时，斯隆先生主持某项重要决策的会议，在广泛听取了发言后，他说：“在我看来，我们已经形成了完全一致的看法。”会议出席者频频点头表示赞同。

此时，斯隆先生突然话锋一转：“现在，我宣布——休会！这个问题需要延期到我们听到不同意见时再开会决策！”

与会者先是一愣，接着都会心地笑了起来。

斯隆先生领导通用公司 33 年期间，通用公司仅在美国汽车市场上的占有率就从 12% 上升到 56%。后人在总结他的成功经验时，首先提到了一点：他善于进行决策。

斯隆先生在接手通用时，通用其实已经处于经营低谷。在后期复盘成功领导通用公司的经验教训时，他直言，一家公司的成败，关键在于管理者的个人决策是否正确。决策正确，执行中哪怕出现少许偏差也可以弥补；一旦决策失误，将成为最大的失误，这种失误是执行中采取任何措施都无法补救的。

因此，斯隆上任以后，一直主张广开言路，并将听取各种不同意见作为决策的前提。这便出现了我们之前所说的那一幕：在未听到不同意见以前，绝不决策。

每个管理者都明白，倾听不同角度的声音有着无比的重要性，但是，在复盘经验的过程中，我们应如何鼓励下属开口？特别是当你复盘的是一项失败的项目时，鼓励下属开口便显得尤其重要。

不过，很多管理者在组织对话中很容易犯下这样的错误：他们的管理本位主义太强，在倾听下属意见时，往往会因为无法放下自己的立场而导致下属不愿意再对话题多言。想要规避此类错误，使下属大胆放言，你就必须学会把握一些有助于经验复盘的对话技巧。

通过整理谈话内容，助说话者一臂之力

你可能正在针对“项目未能达成预期目标的原因”这一话题征求下属的意见，但是，渐渐地，你发现话题开始“跑偏”：大家讨论的范围变得杂乱无章，迟迟看不到结论。这种“跑偏”很多时候发生在反省状态下，即使说话者本人也有可能没有察觉。

此时，管理者就可以通过“整理谈话内容”的方式使沟通的流程得到改善。比如，当办公室里有针对项目延迟提出的意见时，对方如果这样说：“这次的项目之所以无法在截止日期前完成，首先是因为在项目开始以后才发现相关的器材数量不足，导致人手多余，使得人员配置在一开始便陷入了慌乱之中；其次，前期的努力不足也是一大原因，由于前期情报搜集不足，本来应该多搜集与公司产品相关的资料，结果却搜集了其他公司在此方面的出色之作……”

针对这种烦琐地一一道出理由的对话，其实，管理者完全可以用一句话来提示重点：“也就是说，是因为设备不足或前期准备不足造成的对吗？”这种提示重点的提问方式能够预防话题脱轨，同时也能够让对话更加集中在原定内容上。

此类用于整理谈话内容的句式主要有：

☞“也就是说……吗？”

☞“简言之是……的意思吗？”

☞“结果就是……吧？”

使用此类提问方式可以将对方的话语内容加以整合，从而使本来杂乱无章的情报得到有效的收束，同时可以进一步确认自己是否真正地理解了对方的话语。

从对话内容中甄选出关键的情报

想要达到整理对话内容的效果，就必须懂得从对话内容中甄选出关键的情报，而在上述例子中，“器材不足”与“情报不足”就是关键情报，然后管理者可以将这些情报整合成一个要点。

这种情报整合其实也可以视为“关键词整合”，将那些与关键词相关的要素整合起来，便可以将话题内容进行较好的总结。

用提问来掌控对话流程

在有些情况下，对话往往会出现“走失”的情况：我们在倾听对方时，发现对方好像有些“话语失焦”，以谈话的地图来进行比喻的话，那就是，明明目的地在东边，但有人已经走到了西边或者南边，在这种情况下，当事人往往会因为缺乏足够的自知而不能自行使话语回到正轨上来。

在对话过程中，发现有此类情况出现时，便要立即提出疑问：“那么，让我们再强调一下，你的意思是……对吗？”这虽是一种提问的方式，却可以使对方意识到自己的话语偏离了主题，从而有助于话题回归到原定主题上来。

比如，针对外派人员的语言能力这一问题，管理者与下属之间的谈话是这样的。

下属：“其实大部分人认为被派驻国外需要语言能力，但我感觉并非如此，因为沟通能力更重要。我也曾多方尝试学习英语，你有没有过这种经验，感觉英语能力很重要，而且听力格外难，但是真正与人对话时却发现完全不是那么回事？……”

管理者：“原来如此，你的意思是说，在国外，个人沟通能力要比语言能力更重要对吗？”

一开始是有事情需要商议，但话语朝着偏离的方向走去，在这种情况下，身为听众与经验复盘引导者的你就要帮忙进行整合，让整个对话中当下的话题与主题连上线。

除了“您的意思是说……”这种说法，最直截了当的做法就是告诉对方“……让我们言归正传……”同时使用提问的方式来询问对方，这样，对方便不会产生你在纠正他的错误的感觉，而这也恰恰是一种让说话者很容易接受的方法。

依据此类模式在工作复盘过程中展开对话，与你对话的一方便会产生“他是真的在听我讲话”的感觉，而这种感觉正是在复盘过程中获得下属意见、促进下一步工作改进的必不可少的步骤。

4. 用情境引导展开经验传递

传统人力资源理论认为，一名下属要么胜任工作，要么不胜任工作。不过，这种“非此即彼”的二元认知论如今已太过陈旧。在展开经验复盘、帮助下属成长的过程中，管理者更需要运用情境引导来实践经验的传递。

比如，你吩咐团队内成员 A 与 B 对顾客进行一线访谈，并形成有效的访谈报告。你界定的合格报告应包括访谈时间、访谈人、访谈内容、访谈人对被评价人的综合评价、亮点和不足、资源需求等。B 很好地完成了任务，但 A 提交上来的报告中只有几句片面的对话和一大堆流水账。

任务确定以后，管理者便会成为决定性因素：一位好的管理者需要根据下属的特点、环境资源等情况的不同来展开不同的经验传递。只有这样，才能够推进团队与下属的成长，使个人经验在团队内实现复制，而这也正是情境引导的意义所在。

不过，情境引导如果要用于经验传递，就必须做好以下三个步骤。

清晰界定工作任务

在界定工作任务阶段，管理者有三大任务需要完成。

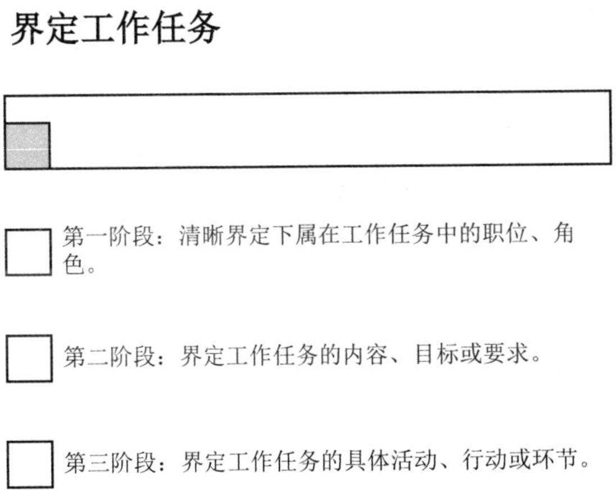

界定工作任务

第一阶段：清晰界定下属在工作任务中的职位、角色。

第二阶段：界定工作任务的内容、目标或要求。

第三阶段：界定工作任务的具体活动、行动或环节。

如果某个下属做的都是自己熟悉的工作，且在上下配合过程中表现默契，那么管理者便无须在布置任务时过多地传递经验，而只需做好上述第一、第二阶段，下属便可顺利地开展工作。

在布置任务时，管理者需要界定到第三阶段的原因在于：新员工承接任务时、老员工遇到新任务时、为工作任务设定新目标时，作为领导者，有必要清晰地将任务布置到第三阶段。这意味着，经验的传递也需要到第三阶段为止。

在上述案例中，A 的错误其实就是因为管理者未能及时地用情景模拟传递经验：作为管理者，你应了解 A 对整理访谈记录形成访谈报告的准备度，他没有写过类似的报告，不知道格式，所以你需要清晰地告知他：

☞ 报告要整理成什么格式的文件。

☞ 文件里需要包括哪些内容。

如果有可能，你还应提供几份自己手头上优秀的、不同侧重点的访谈报告模板供其参考，以免他无法完成任务。

这也正是界定工作任务所起到的作用：你能够确定工作内容，并明确地向下属实现了经验传递以后，下属才知道应如何去做。

判断下属的准备度

所谓“准备度”，是指下属在接受并执行一项具体任务时所表现出来的意愿与能力水平。换句话说，准备度是一个人在完成任务过程中的具体表现。

在准备度概念中：

能力 = 知识（知道）+ 经验（做过）+ 技能（近期完成过）

此处的能力最强调的是“技能”：近期完成过的任务，才能算得上准备度良好。

意愿 = 信心（能做）+ 动机（想做）+ 承诺（说做）

此处的意愿强调的是信心与承诺：只是能做、想做，但不做出主动的承诺，便不算有意愿。

就个人而言，准备度会发生变化，上述公式中的每一项内容都会影响到个人的准备度。比如，在工作中运用知识、经验与技巧的程度将会直接影响到他们的工作意愿。这些因素共同组成了一个准备度的完整系统，任何一个方面的改变都会对个体工作状态造成影响。

一般工作任务被明确界定后，管理者便要审视有意委任的下属：他在这项工作任务上的准备度处于哪一水平？

如果以 R 代表准备度，那么 R 可以分为四个层次。

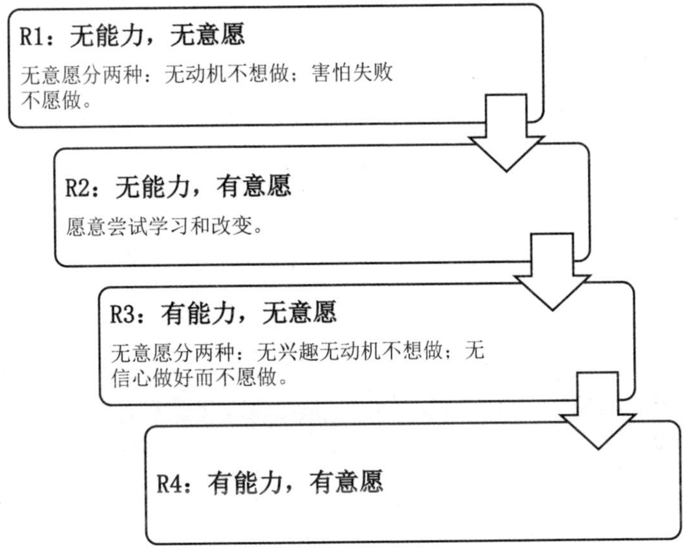

有关这四个层次的准备度，管理者可根据实际情况选择如何进行经验传递。比如，针对一项工作任务，新员工往往处于 R1、R2 水平，老员工则往往处于 R3、R4 水平。在进行经验传递时，管理者需要根据个人管理行为风格来展开。

明确自我管理行为风格

立足于个人工作方式、关系行为的使用频率，如果用 S 来表示管理行为风格，那么 S 同样可以分为四种。

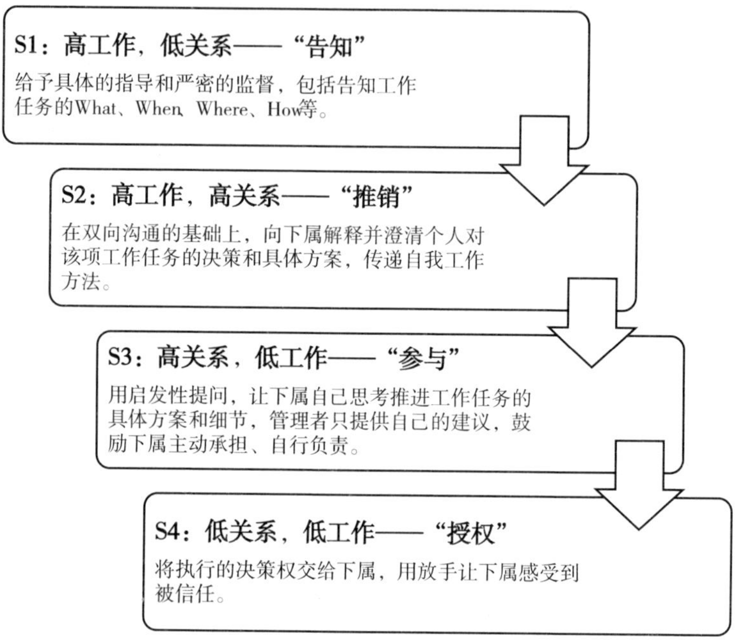

在传递经验时，管理者需要根据下属的准备度选择自己的管理行为风格。

◆ R1 员工使用 S1 风格

下属的准备度是 R1（无能力，无意愿）时，管理者应采用 S1 风格，告知目标、标准、要求，并将做事的技巧、经验与知识尽可能地传递给下属；事中进行严格监督，事后进行严格考核。

值得注意的是，在“R1 → S1”式对接中，管理者不可给予过多的支持行为与双向沟通，否则可能会使下属误以为你可以容忍或接受不佳表现。因为 R1 式下属对工作不熟悉、经验与知识不足，展开双向沟通，请其提供意见或建议，而对方提不出，反而给他们造成压力与不安。

因此，最好的办法是进行少量沟通，以促成下属理解经验、知识与工作指令为目的。最好的办法是采用“高工作行为”，即告知工作任务的

What、When、Where、How、标准等。

其典型对话应是：“这项任务由你负责，现在拿笔记一下。”

“任务分这样几步来完成，具体的步骤是……”

“每一步的质量要求是……完成时间是……”

“听明白了吗？现在复述一下我所说的。”

◆ R2 员工使用 S2 风格

下属的准备度是 R2（无能力，有意愿）时，管理者需要采取 S2（推销自我解决方案，激发下属信心）风格，在工作过程中给予资源与协调支持。

在“R2 → S2”式对接中，管理者应启发对方说出他的具体方案、行动计划与细节。同时，在鼓励的氛围中给予肯定或纠偏，最终达成共识，并在工作过程中跟踪对方的实施情况，给予及时的鼓励与指导。

管理者要注意，对 R2 类员工，不能只听他许诺，更要看他具体是怎样计划与实践的。在与之对话时，你可以使用如下方法指导：

“对这项工作，你有什么建议或想法？”

“嗯，你的 ×× 观点很不错，看得出你用心了。除了这些想法，我建议你可以再详细考虑一下……”

“根据我们刚刚的讨论，你先去起草一个详细的计划，明天上午 10 点，我们再针对你制订的计划沟通一次。”

◆ R3 员工使用 S3 风格

下属表现出有能力、无意愿的准备度时，管理者应采取 S3 式风格应对。此类员工多是需求未得到满足。想让他积极参与工作，你需要弄清楚，他到底是因为“没有兴趣做”，还是“没有信心，导致不愿意做”。

对于没有兴趣的，管理者可以调整工作任务；对于没有信心的，管理者可以挖掘潜能，让其主动提出方案，并给予积极的支持，使其感受到来自上司的激励，进而激发他主动承担的意愿。

其对话过程可以展示为下述内容：

“对于这项工作，你有什么想法？”

“你一向擅长这方面的工作，我相信你一定可以做好这件事，说说，你有什么需求？”

“对于你提出的……问题，我们现在一起讨论一下，看是不是有更好的解决方案？”

◆ R4 员工使用 S4 风格

下属表现出有能力、有意愿时，管理者便应大胆授权，在下属实践的过程中，你只需阶段性地听取他的汇报即可。

在此过程中，管理者可以让下属意识到，你随时准备为他提供建议、支持与帮助，令其安心。

在“R4 → S4”式对接中，管理者可以这样说：

“大胆去做吧！以你的能力绝对没有问题！”

“有问题随时来找我！”

在常态工作中，使用此类情境管理展开经验传递，往往可以使处于不同阶段、不同需求的下属获得长足的成长与进步。更重要的是，这样的经验传递方式照顾到了下属的感受与需求，使他们更愿意以主动的姿态参与到知识传递过程中来。

5. 借培训形成“人才成长”系统

企业想要获得持续的进步与成长，实现既定经营目标，就必须提升组织核心能力，而组织成员的学习力则是核心中的核心——在组织内，学习氛围越浓厚，出现人才的概率便越高，精英驱动型组织便越易组建成功。

另外，精英驱动型组织并非某个人、某个部门需要学习，而是在内部展开全员性学习，形成全员提升，在共同的发展愿景下，通过共同的学习与知识分享，令组织变成学习型组织，从而全面提升组织的战略思维能力、经营决策能力与价值创造能力，并最终实现组织的发展目标。

在这一过程中，我们可以看到这样的企业精英培养路线图：

建立培训系统→建立知识管理→构建学习型组织

针对其他个体学习方式，企业内的培训往往能够解决学习内容不一、学习效率低下的问题。

是什么使西门子在竞争激烈的今天依然稳居电气电子业界业绩前列？除了高质量的产品、完善的售后服务，高效、创新的人才培训被视为关键。

在人才培训上，西门子做到了创新的极致。西门子的人才培训计划分为三个不同的层次。

新员工培训：对新员工进行基本的熟练技巧、技术培训，并进行相关的基础知识教育。

大学精英培训：针对招聘来的大学生，在进行综合能力考核后，针对其出色能力，进行相应培养，并针对精英分子，培养其领导能力，以储备管理人才。

员工在职培训：西门子每年都会投入大量资金用于员工在职培训，以使员工跟得上商业环境与新兴技术的发展步伐。

三大培训体系不仅使西门子在革新性、灵活性极强的电子行业中获得了长久的强大力量，同时也使其拥有大量高素质的员工，而这也恰恰是该公司强大竞争力的重要来源之一。

劳伦斯 · 萨默斯曾任哈佛大学校长，这位卓越的经济学家从不忌讳自己对“重塑人才培训系统”的推崇 ：“竞争如此激烈的当代社会，企业所拥有的优秀人才越多，企业的竞争力便越强，但眼下最大的问题在于，全球范围内的大多数企业的员工培训体系并没有形成人才培养体系。”

萨默斯教授指出，要想让员工培训体系形成人才培养体系，首先需要让培训不再是孤岛，只有使培训体系与人才培养体系相连，使培训体系与业务战略密切相连，令培训自身形成体系化，企业知识整体化、持续化发展才有可能实现。

萨默斯教授所说的“孤岛”并不鲜见，我们在很多大型企业中都可以看到这样的景象 ：

☞ 培训体系游离于整个业务运营体系之外。

☞ 培训体系游离于人才培养体系之外。

想要解决这种游离，关键之处就在于，管理者需要利用手中的职责与已掌握的复盘经验，使培训与人员之间形成“密切联系”，进而让培训工作变成人才的成长基地。

进行培训需求分析

在培训初期，管理者应就培训的具体内容与方向、下属的个人背景以及由谁来决定培训内容进行讨论，以进一步确定培训需求。

培训需求分析三层面		
具体层面	对应的活动分析	对应的活动产出
组织层面	•对影响部门效率的重要活动进行罗列与分析 •将重要活动进一步分解到不同的岗位	根据活动分析与分解，确定人员培训重点、方向与具体方法

岗位层面	•对岗位所需要的工作与活动具体表现进行分析 •归纳总结出实现良好效益所需要的工作态度、知识与技能	根据岗位所需要的表现，结合具体的培养方向、重点，得出整体培训需求分析报告
个人层面	•对不同岗位成员所掌握的态度、知识、技能进行评估 •了解期望值与掌握程度的差异 •有针对性地提出具体的需求改进内容	•针对员工个人态度、知识、技能三个方面，制订个人发展计划 •制订具体培训计划、规划 •得出总预算

从上表中我们可以看出，培训活动的进展应按“组织—岗位—个人”三个层面逐项进行，这是在团队内进行经验传递的关键前提，同时也是让经验有效传达到真正可利用到它们的个体的重要条件。

立足复盘的经验与核心目标、业务

培训活动必须依据企业整体战略与所面临的业务挑战展开，如果管理者未能关注关键问题，那便无法将自己积累下来的经验有效地传递给下属。

在不同的部门间，培训与传递知识的重点往往有不同之处。

☞ 以技能为主的部门，应将培训重点放在新技能的引入、旧经验的巩固上。

☞ 以开拓市场为根本的部门，应将培训重点放在营销、说服技能的培养上。

只有根据部门的特点，你才能搞清楚哪些经验是对团队发展最有利的，哪些经验能够在下属展开工作、向上攀升的过程中起到积极的促进作用。

对培训结果进行评估

评估培训课程的质量只需通过下表的四项内容便可实现。

培训课程评估方式

- 反应层：个体与个体所在团队对培训过程是否满意？
- 学习层：个体专业知识获得以及理解程度如何？
- 行为层：培训后，在实际工作过程中运用知识的程度如何？
- 效果层：知识运用后，产生了怎样的价值？

通常，在开展培训以前，管理者最好先设置培训目标或收益；在培训计划完成后，再使用上表中的四级效果，对反应层、学习层、行为层、效果层进行逐级检验，以确定培训目标是否达成。

需要注意的是：

☞ 在培训结束后，管理者立即从参与者那里获得直接的反馈。

☞ 与培训内容相关的项目、活动开展时，管理者应与参与者进行面对面的沟通，以了解他们在实际的工作中是否能够实践学习成果。

如果下属的实践效果不错，那么管理者应进一步加强、巩固学习成果，加快此类经验在团队内的推广速度；如果培训效果不佳，那么管理者应该进行反思，是培训的方式不对，还是培训的内容出现了偏差？根据反思结果及时调整内容，再重复上述步骤，团队内部的经验传递才能形成良性循环。

6. 将经验设计成团队内推广的模式

单纯从企业管理的观点来看，管理者必须做到引领组织学习，使竞争力可以在市场中获得提升。不过，要想让竞争力持续壮大，其动力则来自组织内部的知识管理与创新。其实，早在 1999 年，从哈佛退学的微软 CEO 比尔 · 盖茨便提出了“知识网络系统化”的观点 ：“未来的企业是以知识与网络为基础的企业，而未来的竞争则是根植于知识与网络的竞争。”管理大师彼得 · 德鲁克也认为，我们全面进入知识时代，在这个时代里，基本的经济资源将不再是资本、劳动力或自然知识，知识与知识员工才是主角。

换言之，下属因为拥有了知识与能力，便拥有了远胜于资本、土地甚至劳动力的价值。不过，鉴于我们之前提到的“平庸员工才是团队主流”的残酷事实，管理者有必要将自己辛苦总结出来的经验在团队内有效推广。在这方面，联想集团值得我们学习。

在中国，联想集团是最早引入知识管理与经验复盘的公司，其很多做法已成为后来者的学习楷模。

对于新进工程师，联想集团通过在职培训的方式，使新员工通过观察、体验与模仿学习那些经验资深者的技术与精神风格。

通过这种在职培训，不仅能够形成组织成员之间的内隐知识转换，同时还可以使成员身体力行，达成创造内隐知识的过程。这正是联想集团完成个人间的内隐知识相互作用的“社会化”阶段。

联想集团还会依据员工的兴趣，创办各种主题的“读书会”，建立起讨论性的论坛。该论坛会针对参与者有共同兴趣的课题举办自愿参与型的会议，在会议上，成员可以分享自己独特的经验、感受与观点，也可以发表自己对团队业务的新奇看法。

在参与论坛的过程中，多数成员会将其“内隐知识”进一步外现，这对促进其他成员在这一知识性团队互动中产生创新的观念有着积极的帮助。

同时，联想集团还将有关集团的操作性知识制作成手册、文件与人才培养教材，在集团内部的公共网络中任员工自取。在网络方面，联想集团则利用“在线学习”的方式，促使“外显知识”进一步转变为“内隐知识”，以加快个人经验在团队内部的推广速度。

美国管理大师克莱顿·克里斯坦森教授在研究了联想集团的成功后认为，该集团的成功对于所有企业都有借鉴意义：通过这样的方式，联想将本属于个人的知识拿出来形成内部共享，从而完成“内隐知识”向“外显知识”的转变。“外显知识”在经过员工学习后，会进一步演变成“内隐知识”，达到提升员工个人知识与技能的目的。在形成了这种知识的上行性螺旋转动系统后，联想得以在竞争激烈的通信市场上占据一席之地。

这对于大部分管理者都有积极的借鉴意义：如果你想将下属培养成另一个你，那么你是否想过如何将你的内隐知识转变成可供下属学习的外显知识?

了解显性知识与隐性知识的特点

在大多数时候，我们所谈论的知识都是显性知识，它们是那些可以在网络、书中找得到的知识，这些知识容易获得、传播与使用。与显性知识相对的则是隐性知识，它们多属于个人思维，是做事诀窍、思维优势一类的东西，此类知识看不到、摸不着，而且极难细化、复制与传播。相比于显性知识的易获得性，隐性知识是知识管理的重点所在。

没有知识管理系统会产生的破坏性后果

- 人员素质无法达到企业战略要求。
- 个别员工出色，但团队整体力量薄弱。
- 员工常犯重复性低级错误。
- 组织智商低下，知识经验无法得到有效的传承、精华化。
- 公司上下知识能力不统一，造成行动混乱。
- 公司没有统一的知识管理系统，制约公司发展。
- 公司知识没有纳入管理范围，以至于发展、决策依赖于个人经验。

我们需要确立的知识管理目的在于完成以下不等式：

学习速度＞发展速度＞危机发生速度

如何从知识中获取更多的价值？如何为企业积累更多的价值？在社会全面进入知识时代后，这是所有企业都需要面临的主要挑战之一。为了应对这一问题，克里斯坦森教授认为，在知识管理系统上如果失去了一定的流程，那么，投资与收入便不一定成正比。而建立起更好的知识管理系统的方法就在于，你是否能够按照一定的程序实现显性知识与隐性知识之间的良性转变。

履行经验积累的职责

管理者需要意识到，组织任命你为管理者的职责中包括“为组织成长积累经验”，而在你职责范围内发生的每一项工作，你都有责任将它们归纳成知识的形式。在国内诸如联想、华为、网易等已实施经验复盘的企业中，多会设置类似于“首席知识官”一职，其职责是在较高层面上对全部知识联网进行把握与管理。

首席知识官的职责

- 确定项目目标
- 组建并管理项目
- 确定并努力达到项目已定目标
- 发现与解决项目中出现的问题
- 总结与项目相关的经验教训

可以看到，首席知识官只负责宏观上的内容，而微观上的知识处理则由不同的项目管理者进行。

不同的项目管理者拥有不同的责任。

☞ 如果项目是建立起知识库，那么管理者应拥有处理存储知识的技术，并要有能力说服基础员工定期对工作进行总结、整理，同时鼓励他们向知识库进行知识输入。

☞ 如果项目是有关知识与经验转移的，那么项目管理者就应拥有识别、开发与监督知识共享的具体渠道与能力。

现在，静下来思考一下：你在组织内是处于与首席知识官类似的职位上，还是处于项目管理者的职位上？下一步便是根据你的职责，总结相关的知识与经验。

形成连续性知识

知识本身就具有连续性，只有知识积累到一定程度，管理者才会获得更出色的管理效果。在联想集团，不仅有如“工程师报告”一类针对成功经验的积累，同时还有针对“失败模式分析”的知识积累。他们通过对不良产品问题的分析规避重蹈覆辙式的实验，使良性知识得到积累，将不良知识排除在外。

丰田则采用了更连续性的知识积累方法：外训人员与研习人员在学习、出差回来后，必须与公司员工分享、报告所学到的知识与经验，从而使外部知识尽可能地流入内部，这使得成员获取知识的效率进一步提升。

身为管理者，你也需要从自身开始，鼓励在团队内形成连续性的知识。

☞ 你的本职专业是什么？

☞ 你认为自己因该专业获得组织重视的关键在哪里？

☞ 如何将这些知识更好地运用在实际工作过程中？

☞ 在遇到需要用新知识处理的问题时，你是如何搜索与学习新知识的？

总结连续性的知识，并将它们传递给需要的下属，你的专业能力便会在团队内形成积极链条，并能增强整个团队与你的协作力。

完善经验传播流程

一套完整的经验传播流程应包括搜集、获得、整合、积累、存储、分享、更新等体系。所谓有效的传播与运用，恰恰是让内部的需要者可以随时、随地、随手获得他们所需的正确信息。当下，网络是最有效的经验传播途径，你可以选择某个方便的共享式网络工具箱，从自身开始做起，将有效的积极经验主动输入其中。

需要管理者格外注意的是，并非只有企业内部员工的知识才能拿来推广，客户、竞争者、供货商、经销商的经验、知识，以及其他专业领域的专家所提供的知识，都属于需要推广的经验范畴。它们可以有效地增进下属对本职工作的理解，同时也能够让整个团队理解一项成功的工作是如何从“发起人”到“目标”都令人满意的。

将这些知识资源由专人、专门的部门整合起来，为内部使用者提供便利，不仅可以大大缩短下属的学习时间，同时也能够使工作效率获得大幅度提升。

设计经验、管理经验的目的就在于最大限度地促进团队与下属的能力提升。鉴于通过使用经验，团队将获得更大的发展优势、下属也将拥有更多成长机会的事实，对于管理者来说，一切有利于经验分享、隐性知识显性化的措施都应被大力提倡。

7

CHAPTER

精进：如何成为更优秀的自己

当你不断地引导下属并将之培养成另一个自己以后，你便从日常工作琐事中脱离了出来，得到了精力与时间上的解放。如何将这些得之不易的宝贵资源用在自我精进上？很显然，关注自我精进、让自己不断向上发展是最主要的方向。

1. 得力下属不是你的威胁

很多管理者担心下属的能力比自己强，因而不敢给予充分信任，这是最愚蠢的想法。管理者最大的职责就是让人尽其用，如果因为忌惮下属的能力而不敢放手重用，便会形成人力资源的重大浪费。

安德鲁·卡内基是20世纪美国钢铁工业的代表性人物，在他的墓志铭上写着这样一句话："这里躺着的人，懂得怎样让能力比自己强的人在他手下充分地发挥作用。"

按照卡内基自己的话来说，他本人对钢铁制造、钢铁生产的工艺流程了解并不多，但他手下有上千名精兵强将，而他们在这些方面都比他更强。作为企业的最高领导者，卡内基最卓越的才干就在于他善于用人、用好人。平日里，他会专门笼络那些远比自己能力更强的人，以增强企业的实力。这些强者的支持与能力恰恰是使他的钢铁事业获得成功、登上美国“钢铁大王”宝座的重要原因。

不管你是新晋管理者，还是已稳居公司高层，只要坐上管理职位，你就必须意识到这一事实：眼下，你与一线员工其实存在着本质区别。想要做出业绩，已不再是你一个人的事情，而是整个团队的事情，哪怕你的手下只有一个人，业绩也是建立在两人有效合作的基础之上的。

你现在最需要掌握的艺术是管理：如何立足于本团队的主要任务，分配、协调工作，培养下属，进而掌握项目进程。在此基础上，你培养下属，其实是在交代任务，然后进行调控，你付出的所有努力终究是为了实现团队的长久稳定与业绩的可持续增长。

嫉妒下属的能力其实是对自我能力的否定

培养下属是步入管理者行列的必经之路，同时也是管理者必尽之责。当你发现自己开始将得力的下属视为威胁时，其实意味着你还未完全实现自己的角色转变，还没有完全让自己从以“事务性立功”为导向转变成以“管理性立功”为导向。

在这种情况下，你很容易将自己与那些有能力的下属放到同一个竞争面上。于是，不安全感产生了：你会担心下属的能力威胁到上司对你能力的肯定。在这种情况下，下属所展示出来的出色往往更容易刺激到你。

你如何对待你的团队、你的下属，往往会以不同的方式展示给你的上司。你在观察自己的下属时，其实你的上司也在观察你——如果你已是最高管理者，那么，你的股东也会观察你。作为一名管理者是否合格、是否有足够的胸襟，其实决定着你能够在自己的位置上坐多久、是否还有上升的空间。

营造平等氛围来树立自我影响力

你为什么会担心得力下属？是他在你面前表现出了与自身职位不相符的野心吗？

面对这一点，你需要明确：组织赋予的权力或许会让下属阳奉阴违，只有真正拥有非赋予性权力，才是可以长久和激励下属的要素。

如果你可以在团队内部树立起“人人平等”的氛围，那么，你手中的权力便自然不会再遇到挑战。就像很多时候人们购买名牌衣服、名车可能仅仅是为了证明自己的能力一样，对于那个过分展示野心，甚至企图挑战你权威的得力下属，作为管理者的你需要点醒他：影响力才是真正的权力，像我一样去修炼内功吧！

当然，这是长久的潜移默化过程。事实上，在很多外企里，人们都极少称呼职位，而是称呼对方的名字。这种称呼看似毫无长幼尊卑，其实是在向员工发出信号：人人都是平等的合作伙伴，职位只代表你所担任的职责。就如同小米集团内部，除了 7 位创始人有职位，其他都是没有职位、以事为中心工作的人。

这就意味着，如果你的权威是以个人能力树立起来的，并且你尊重那些实现自我价值的人，那么，你的影响力与领导力将大过任何组织赋予你的权力，而这样的领导力才最可靠，也更能经得起不同的挑战。

敢于并积极授权给他

管理界有这样一句话：“有责无权活地狱。”当你感觉你的得力下属在挑战你的权威时，你是否反思过：这种威胁是不是因为你未积极授权所导致的？

将权力授予那些有能力且能负责的下属，不仅是对下属的人尽其才，同时也是在提升自我管理效能，而这恰恰是一名出色的领导者应该做的事情。所以，美国管理学大师汤姆·彼得斯曾言："当一名管理者体会到，他请下属帮助他一起完成一项工作，其效果远比他单独完成要好得多时，他便在领导力上迈进了一大步。"

因此，不要总认为"他凭什么想要更多的权力，太贪婪了吧"，而是要思考"我给他的工作能展示他的价值吗"。作为管理者，要意识到你的下属是团队中最重要的执行者，如果能与其进行有效沟通，了解他想要的与你能给的，则更容易获得积极的管理效果。

真正的成功领导者都有一个共同点：极力限定自我工作范围。也就是说，如果你想真正成为更优秀的管理者，你就必须最大限度地利用下属的能力，把自己的精力与时间都用在更重要的地方。所以，不要怕下属太优秀、太得力，积极地授权给那些有能力的下属吧！充分地信任他，放手让他工作，不要嫉妒，不要怕"功高盖主"，他的出色表现其实是在为你的晋升添砖加瓦。

2. 构建卓越领导力地图

有关领导力，我们知道的事实是：这是一门有关率领他人达到目的的艺术。正如美国前国务卿基辛格先生所说的那样："领导就是带领那些跟随他的人们从他们现在在的地方去往他们还未到达的地方。"这是一种特殊的人际影响力：将组织或团队内的每一个人安排在恰当的地方，并让他们在充分发挥能力的基础上实现新的能力增长。

不过，这种卓越领导力的塑造并不容易。实现卓越领导力的关键在于你应保证自己做到那些在下属面前做出的承诺。

Arby's 是美国一家非常成功的快餐连锁巨头，它在全球各地拥有多达 4000 家餐厅。不过，在伦纳德 · 罗伯茨刚刚担任该集团的 CEO 时，集团业绩很差，且正在变得更差：其销售额正以每年 10% ～ 15% 的速度不断下降。

幸好，伦纳德最终扭转了颓势。

他之所以能够做到这一点，一个非常重要的原因就在于，他承诺给那些愿意加盟该公司的人提供额外的帮助与资金支持。他兑现了自己的承诺，实现了公司销售额的快速增长。

因为成绩斐然，伦纳德被提拔到董事会任职。不过，在第一次董事会会议上，该集团的股东由于迫切希望获得更多的利润，决定取消伦纳德承诺给加盟店的各类帮助——就连伦纳德承诺给那些为公司发展做出额外贡献的员工的奖金，他们也一并取消了。

此时，若继续任职，就意味着伦纳德此前的承诺将被当成谎言。于是，他从该公司辞职了。

从 Arby's 离职后，伦纳德先后到美国无线电器材公司与坦迪公司担任 CEO。与他一同离职到新集团任职的还有 Arby's 的大量精英，人们认为，他是一位值得追随的好领导。

得益于出色的个人品质与管理能力，此后十年间，伦纳德在管理生涯中取得了非凡的成就，被美国《品牌》周刊评为 2014 年“年度最佳本土 CEO”。

虽然领导力的营造与很多内容有关，如果你没有一个明确的路标作为指引，那你极有可能走偏。如果伦纳德所遵从的不是内心的正直，而是业绩或者职位上的增长，那他便不会从 Arby's 离职，其后续管理成果也极难达到现在的境界。

这便涉及领导力地图的范畴：如果你知道自己要去哪里，知道自己必须经过哪些步骤，那么你未来的管理之路也会顺畅很多。有关这些必走的步骤，我们可以借助美国著名管理学家约翰·麦克斯维尔所提出的领导力阶梯式地图。该地图立足于个人影响力的提升与领导潜能的发掘，协助管理者构建卓越领导力地图。

领导力地图第一层级：职位

这是领导力地图的初级层次，职位所附带的“头衔”是个人唯一的影响力。在这一层级中，你可能会因为自身所拥有的“经理”“部门主管”等头衔产生对下属的震慑力，如果想让下属真正满怀信心地追随你，你就必须明确作为“管理者”与作为“领导者”之间的区别。

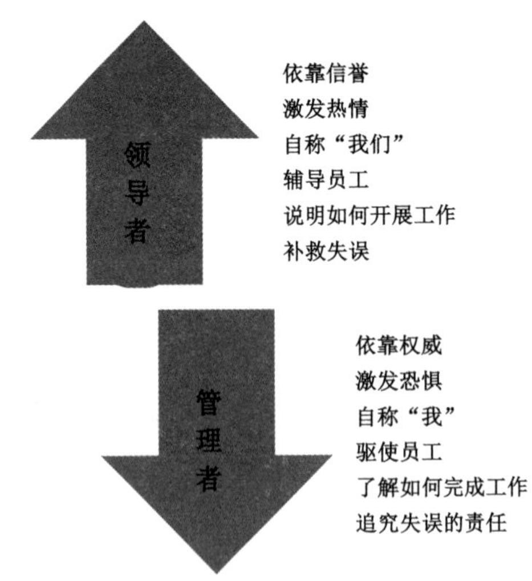

很多管理者都被告知，“领导力 = 所在职位”，但在现实管理过程中，几乎没有人会因为我们所在的职位而对我们俯首帖耳。相比之下，如果我们能够依据不断攀升的领导能力与水平展开管理，那么，因管理而生的快乐便会增添很多。

领导力地图第二层级：认可

美国管理学家弗雷德 · 史密斯说过 ：“领导力是即便不强迫也有很多人甘愿为你工作。”然而，这种境界只有你拥有下属的认可时才会实现。

处于“认可”阶段的管理者会以“人际关系的发展”来实现管理，他们的主要目的在于个人发展。因此，在这一层级中，他们会将时间、精力与焦点都集中到如何借助人际关系的力量实现个人更好发展的渴望与具体需要上。

无法与他人建立起持久稳固关系的管理者很快就会发现，他们无法保持长久而有效的领导力。因此，不要试图跨越这一层级到达你的管理目的。人际关系所承载的是从建立到维系的一个具体过程，在这一过程中，它如同黏合剂一样，为你与下属之间长期、稳定的关系提供持久力。更重要的是，只有那些与你建立了良好人际关系的下属，才愿意接受你将自我经验在内部复制的提议。

领导力地图第三层级：绩效

在第三层级中，你与下属为了达成同一目的而一起奋斗。这一层级的领导者往往以最终结果为导向展开对下属的管理与培训。

在依据绩效展开管理的过程中，你将会关注以下几个方面 ：

☞ 如何提升团队的士气。

☞ 如何降低员工的流失率。

☞ 如何使员工的需求逐渐得到满足。

☞ 如何在实现团队目标的同时增加效益。

与这些内容相伴而来的是领导与管理所带来的成就感：你通过团队的绩效增长实现了个人与团队的共同盈利，同时，你们通过出色的绩效彼此证明了自己。

领导力地图第四层级：人才培养

有关领导者的一个事实是，真正出色的领导者会被那些工作表现优异的下属所认可。领导者之所以伟大，并不是因为他被组织所赋予的权力，而是他授予他人的能力。没有后续者与继任者的“成功”往往无法持久。因此，真正的领导者的主要责任是通过自我经验的复制与更新，发掘与培养更多的人完成工作，并与自己一样拥有出色的成就。

下属通过领导者的培养与经验灌溉实现了自我成长时，他们对该领导者的忠诚度与认可度也会达到最高值。

☞ 第一层：认可。

☞ 第二层：爱戴。

☞ 第三层：钦佩。

☞ 第四层：忠心。

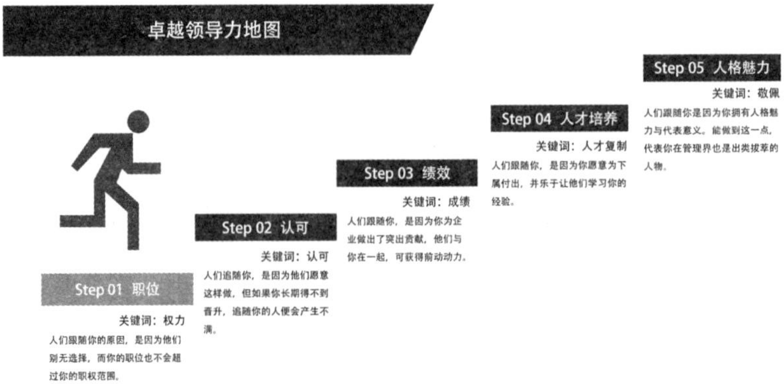

卓越领导力地图

Step 01 职位
关键词：权力
人们跟随你的原因，是因为他们别无选择，而你的职位也不会超过你的职权范围。

Step 02 认可
关键词：认可
人们追随你，是因为他们愿意这样做，但如果你长期得不到晋升，追随你的人便会产生不满。

Step 03 绩效
关键词：成绩
人们跟随你，是因为你为企业做出了突出贡献，他们与你在一起，可获得前动动力。

Step 04 人才培养
关键词：人才复制
人们跟随你，是因为你愿意为下属付出，并乐于让他们学习你的经验。

Step 05 人格魅力
关键词：敬佩
人们跟随你是因为你拥有人格魅力与代表意义。能做到这一点，代表你在管理界也是出类拔萃的人物。

领导力地图第五层级：人格魅力

处于这一层级的管理者属于领导力中表现最优秀的那类人。在当代，拥有人格魅力的管理者有很多，如阿里巴巴的马云、苹果前任CEO乔布斯、松下集团创始人松下幸之助……这些人最典型的特点就是，他们竭尽全力培养成熟深厚的领导力，并通过事业上的不断成功达到这一层级。

这是很多管理者都在努力的方向。可以说，我们每一个人都希望自己有一天可以处于这一层级。而上述成功人士在当代的卓越表现也证实了，只要你不断地努力，你就完全有可能达到这一层级。

现在，你拥有了一幅帮助你理解卓越领导力的蓝图。想要顺着这幅蓝图走向管理成功，你就必须弄清楚自己目前存在的问题。各个层级中所面临的情况有所差异，因此，你必须清楚地意识到自己眼下最需要处理的是什么问题。当你准备好踏入更高层级以后，有针对性地采取措施，你便可以有效地实现对下属的领导，同时收获他们的支持与信任。

3. 平庸领导忙小事，卓越领导管大事

所有优秀的管理者之所以成功，关键在于他们善于找出最值得付出精力与时间的大事。不管你的管理职务是高还是低，你都会面临诸多的问题，而从表面来看，这些问题都需要你去解决、去面对，事实上，真正值得你忙碌的事情少之又少。在面对各类事务时，你是否能甄别出那些值得你投入的大事，将决定着你是否能够做一名成功的领导者。

吉姆·基尔茨被任命为吉列公司CEO时，他所面对的是一个巨大的烂

摊子：早在 2001 年，吉列便连续 15 个季度未能实现盈利预期，而在之前的 4 年里，其销售额与营业收入一直停滞不前——此时，吉列这个剃须刀帝国已出现了 400 亿美元的损失，而且这一数字还在继续增长。

基尔茨入主时，便接到了来自人力资源专家、销售激励专家、银行家甚至薪酬专家等专业人士的建议。的确，他们的建议都有其理由：吉列内部的确在上述方面都有问题，但关键在于哪些问题才是最迫切需要解决的。

选择很多，答案却并不简单。大部分人认为，新 CEO 上任，应先从常见的人事、薪酬、结构等方面入手进行整顿。但基尔茨保持了相当的清醒：此时的吉列，最大的问题并不是内部人员结构等小事，而是产品结构出现了问题。男士剃须用品与香体、止汗等个人护理用品一直被紧密地捆绑在一起进行销售，这一策略使吉列损失了两类主要客户：只需要购买剃须用品的客户与只需要购买个人护理用品的客户。

内部人员结构什么时候都可以调整，但产品结构再不调整，吉列能不能熬过自己的任期都将是问题。在这种认知之下，基尔茨大刀阔斧，对当时吉列的业务范畴进行了削减，并将剃须准备用品和止汗、香体用品与剃须刀品完全分离。

这种依靠专注管理实现成本控制的方法很快收到了成效：在个人护理成为一个独立的业务部门之后的三年内，吉列实现了个人护理市场份额的不断增长，并重新夺回了“男士剃须首选品牌”的称号。

做出这种明智选择对基尔茨的最大帮助是什么？他赢得了“吉列成立以来最优秀 CEO”的称号。

平庸领导忙小事，卓越领导忙大事。每一位管理者都知道，要想成为卓越的领导者，就不应该进行微观管理，而要像吉姆 · 基尔茨一样，只专注与组织生存相关的大事。在现实生活中，很多管理者之所以在明知这一原则的情况下依然做不到这一点，关键就在于他们并不知道如何分辨到底什么是“小事”、什么是“大事”。

在“抓大放小”式管理中，一般应有两种思路。

☞ 从多个事件中找出关键事件。

☞ 对同一事件从多个维度或角度进行分析，把握关键方面。

立足于这两种思路，我们可以使用三种方法评估与解决关键事件与事件的关键方面。

用四分法评估与解决关键事件

四分法是由时间管理四象限延伸而来的，它按“重要”与“紧急”两个维度将事件分为下表中的四类。

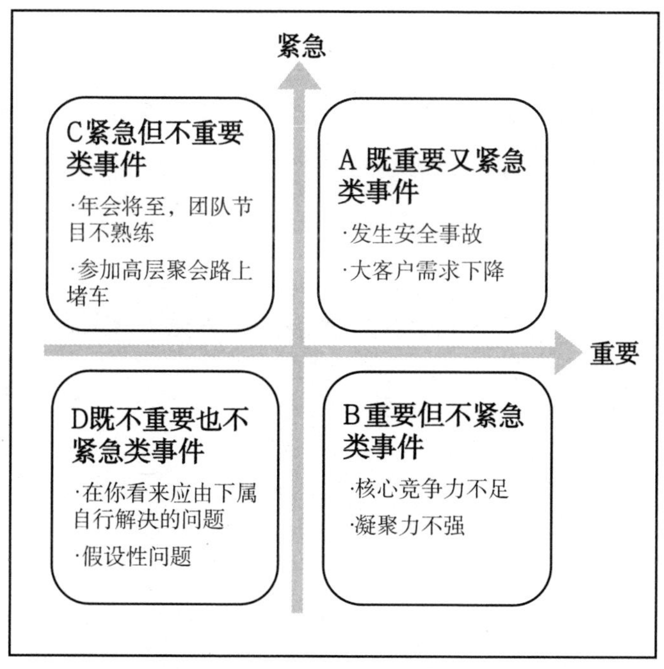

按照该方法解决问题时，管理者应注意：A 类与 B 类属于关键大事，

C 类与 D 类属于非关键小事。在此观点之下，四类事件各有其处理方法。

☞ A 类事件应尽快调动资源，全力解决。

☞ B 类事件也要重视，但不必急于求成，可以反复讨论、从容研究。

☞ C 类事件如不及时解决，也会造成一定的负面影响，应通过加班、替代等方式解决。即使解决不了，损失也不大或只有局部的影响。

☞ D 类事件中的假设性问题应当用挖掘问题的方法来识别。比如，管理者眼中下属应自行解决的问题可能是下属眼中的大问题，这便需要通过分组、分层来界定关键问题。这就涉及“抓大放小”中的一个原则：“放小”并非对小问题放任自流，而是要在分级、分层界定关键问题的前提下，将真正的小事授权给下属来解决。

按事件严重程度评估与解决关键事件

有些管理者会按职能或部门对事件进行分类，比如技术问题、生产问题、营销问题等。这种分类方式往往会掩盖事件本身内在的联系与交叉性，不利于跨部门、跨专业解决问题。

要想弥补这一缺陷，可以按下表中的方法将事件分为四类。

分类	定义	举例
疑难问题	现阶段无法解决、本行业内普遍存在的问题	如大卖场靠收取进场费、促销费等各类费用盈利，与供应商之间关系紧张，该类事件当前无法解决
关键问题	处于事件因果关系的上游，对其他事件有影响或加剧作用的事件	如组织的主业为代工，没有定价自主权，研发能力低，市场知名度低
显性问题	下属或客户反映多、批评多，且带来明显负面效应的问题	公司内打印设备较少且陈旧，员工抱怨较多
隐性问题	尚未显露或初步显露，但为人们所忽视的问题	如公司产品市场需求严重依赖政府补贴，当下正享受补贴，政策一旦变动，对公司影响极大

按上表所述处理问题，需要管理者：

☞ 对于关键问题，应足够重视，并反复研究，组织优秀下属重点攻关。

☞ 对于显性问题，可按分工和职责权限分头解决。

☞ 对于隐性问题，挖掘问题根源，使其完全暴露，再评估其属性与特征，采用相应办法解决。

值得警惕的是对疑难问题的解决。对此类问题，管理者往往走入误区，过度专注并纠结不已，殊不知这样做只会浪费自己宝贵的时间与精力。最好的办法是，只解决此类问题中可以改进、解决的部分。比如，供应商可与大卖场经理协商，在缴费的基础上，使公司产品占据更好的地理位置，暂时放下"必须缴费"一类无法解决的问题。

将例外问题当成关键问题处理

按照出现的频率，问题往往可以分为"常规"与"例外"两种：前者是团队内反复发生或多次发生的，对于此类问题，团队内或许已有处理流程与应对措施；后者则是团队内较少发生或从未发生的问题。

面对这两类问题，管理者应树立明确的态度：常规问题应授权给下属处理，自己投入更多资源与时间去解决例外问题。

之所以要把例外问题当成关键问题，往往是因为它们很可能是一些影响大局的趋向性问题。比如，你在偶然间发现，一位公司的忠实客户在上个月突然停止购买本公司提供的服务。这一事件背后有多种原因：或许客户有事情暂时未购买服务，也有可能是对方看到了更能打动他的新服务，而新服务动摇了他对本公司服务的信心，进而转投竞争对手的怀抱。此时，若不及时处理，最终的结果可能是大批客户转向新产品。

解决例外问题有两种方法。

① 团队内的例外问题有可能是其他团队早就遇到过的问题，此时，

查询相关文献或资料，向资深专业人士咨询，借鉴已有经验，是解决此类问题的捷径。

② 若例外问题特殊，无法套用其他团队的经验，或无法获取经验，管理应亲自研究解决方案，并调动团队内的资源来讨论、钻研问题。

当你能够从例外中总结教训，发现例外中的规律，并使其常规化后，你才能使它变成能够循环利用的经验，从而实现个人经验在组织内的进一步扩大化应用。

从现实管理过程中分辨出那些值得关注的关键事件、关键问题，将会给管理者带来诸多好处：你不必再为管理团队的日常琐事烦恼，可以将时间与精力用在真正体现领导力的事务上。

4. 你应该专注于最重要的事

作为管理者，你只需要专注于能够给组织、团队带来最大利益的事情。通常来说，这些事情只有你能胜任，你需要做的就是将这些事情以外的事情委派给真正有能力的下属去做。

作为全球知名的咨询公司，麦肯锡拥有诸多的成功经验，其中最值得管理者学习的一项经验就是他们的“要事第一”原则。

麦肯锡人在做事时，首先会将事情按重要程序进行排序，他们依据重要、次要、没有必要三个顺序开始每日的工作。不仅每日工作如此，就算从长远来考虑问题，也总是按照这一顺序制订规划。

一位前麦肯锡项目经理离职后，谈及自己于该公司学到的最有价值的东西，这样说道："麦肯锡告诉我，不管你要处理的是什么，先后退一步，琢磨一下自己想要达成的目标，然后看一看眼前的工作，问问自己这是否真的重要。"

这其实也是让管理者真正变得卓越起来的关键：在行动以前，清楚自己的价值观，并确立明确的终极目标。

我们总会持有固定的片面看法，认为事情的原因与结果之间呈现出绝对相等的联系，50% 的时间投入，必然会产生 50% 的效益。当然，在某些情况下的确如此，但在日常管理与个人生活中，"二八定论"的确存在：20% 的重要事项带来了 80% 的收益。

对早已成为管理学常识的"二八定律"，商业与电脑巨子罗斯·佩罗对此也有过精辟见解："一切优秀的、值得赞赏的东西，应时刻处于刀刃上。只有不断地努力，才能保持刀刃的锋芒。"在他看来，对管理者而言，最重要的工作就是确定那些最重要的事情，并在事情重要性确立以后，一直将之放在首要位置上，不要偏离方向。

想要从自己的工作中找出最有价值的 20% 的事项并专注于它们并不容易。

重新对自己的工作表进行审视

你首先需要对自己的工作清单与日程表进行一次审视。

☞ 在你的时间表上记录的事情到底有哪些是真正有价值的？

☞ 你付出了时间去做哪些事情，它们是否令你获得了丰厚的回报？

☞ 哪些事情对你与组织 / 团队的目标实现是非常重要的？

☞ 哪些事情是对你与组织 / 团队的进步和发展产生阻碍作用的、低价值的？

如果你能在管理过程中加入一点点的经济学观念，你会发现，仅将所有的工作罗列出来，再将它们一一完成，并非最好的方法。如果你还期望在本职工作上获得更大的成绩，而不仅是成为一名庸碌的管理者，则需要放弃那些低价值的活动，将自己的时间花在高价值的活动上——那些活动才是真正能够促进个人能力提升、促进整个团队成长、促进组织效益提高的事情。

果断放弃低价值事件

一旦你发现低价值的活动，你一定要如同丢弃无用的文件一样，将它们丢入事务垃圾桶。不管在他人眼中它们有多么重要、多么紧急，你都必须坚持自己的立场，并明白那是造成你精力浪费的主要事件。

管理者常做的低价值事件

· 下属应该做的事情，例如，替下属修改不合格的报告。

· 自己不擅长的事情，例如，身为客服部经理的你，需要处理相关的财务问题。

· 千篇一律、例行公事的事，例如，签署信函。

· 枯燥无味的事情，例如，参与东拉西扯的无用会议。

· 接听未经筛选的电话，例如，工作被推销保险的业务员打断。

· 花费时间远超过你的预计但还未完成的事情，例如，跟谈判多次还未签约的客户见面。

找出真正值得你花费时间与精力做的事情

有哪些事情是真正值得你花费时间与精力去做的呢？其实，那些能够让你感觉到生活的意义、存在的价值，能够让你更靠近梦想与目标的事情都值得你去做。

管理者应做的高价值事件

- 付出 20%、收益却占总收益 80%的事。
- 可以大大加快团队效率的事。
- 可以令工作品质获得极大改善的创新。

想要找出最重要的事情，你需要准确地衡量每一件事情的价值所在。有关这一点，我们有三个标准可供参考。

☞ 你必须要做的事情是什么？

这个“必须要做”有两层含义：是否必须去做；是否必须由你来做。

有些非做不可的事情并非一定由你来做，可以通过委派与授权让他人去做，而你只需负责监督即可。

☞ 做什么事情可以给你带来高回报？

高回报的事情即符合“二八定律”的事情：你只需要付出 20% 的时间与精力，却可获得占据总收益 80% 的回报。此类事情当然值得你去更慎重地操作。不过，你需要明确，此处的“高回报”需要包含两层含义：它需要与你或团队的既定目标相符合；它与你的优势、特长相呼应。

☞ 什么事情能够带给你最大的满足感？

不管做什么事情，你都应该将时间分配在令你感到满足与快乐的事情上。只有这样，你的工作才会充满情趣，你才有可能让自己一直保持工作的热情。

在开始时便怀有最终目标

就算你找出了最重要的事情，并不意味着你就一定有能力做好它。很多管理者在做事时只是做好了计划，并未预想事情应达成的结果。但是，每一件事情、每一项工作都有其特定的最佳结果，这一最佳结果就是我们能够将一件事情、一项工作做到极致的最终目标。

在开始做你所找出的最佳事情时，你应明确地记住自己的最终目标。高绩效的优秀管理者最明显的特征就是，他们在做事以前便清楚地知道自己要达成怎样的结果。他们非常清楚，为了达成这样的目的，哪些事情是必须要做的，哪些事情看起来必不可少、其实是无足轻重的。这种从一开始便怀有最终目标的做法使他们变得卓越又高效。

这再次涉及“关注大画面”中的知识：最重要的事情多是困难而复杂的，若同时盯着过多的需求，便容易丧失目标。因此，当你感觉自己将要被事情包围时，不如后退一步，想一想自己正在努力完成的事情。

☞ 现在做的事情是否能够促使我达成最终目标？

☞ 它对解决问题究竟有何帮助？它又是如何推进我的思路的？

☞ 它与“大画面”的吻合程度怎样？

☞ 它是否引导团队向着目标进发？

如果上述问题的答案有否定的，那你便是在浪费时间。

用以上标准过滤以后，你能够清楚地判断出到底哪些事情对个人发展、团队进步最重要。腾出时间与精力处理这些最重要的事情，那么，不管是在管理工作还是在个人提升方面，你都将获得最大的成效。

5. 关注“大画面”，提升你的“老板思维”

在解释什么是“老板思维”之前，我们先说一下大多数下属甚至是管理者都有的思维习惯。遇到新工作或新情况、出现新问题时，很多人都会这样想：“公司又不是我的，我只需要做好自己的工作就行了。”

“这件事情并不在我的职责范围以内，我不需要过问。”

“这是你们部门的事情，为什么找我来协助解决？”

……

不管运用的是怎样的语言表达，其潜在逻辑都是“有事请尽量不要找我”，没有一个人会站在老板的角度思考：这件事情应该由哪个岗位或什么人负责？若这件事情处理不及时，则会对公司产生什么样的影响？如果我是老板，我应该怎样做？

也就是说，没有一个人站在老板的角度去解决问题，而是从个人角度思考如何才能逃避自我责任。

看到这里，你应该已经明白什么是“老板思维”了。所谓老板思维，就是管理人员需要站在老板的角度思考问题、解决问题。没有老板思维的管理者很少用脑思考工作，这样的管理者，其个人与他所领导的团队的工作效率往往是低下的。

笔者的一位客户请了一位职业经理人担任公司的财务经理。为了了解新财务经理的水平，这位客户请我帮他看一下对方写的制度。

这位职业经理人撰写的《财务管理制度》有这样一句话：“现金注入与一切超过 1000 元的资金支出，皆需找李总签字。”

我问客户：“这里的‘李总’指的是谁？”“当然是我了。”

我又问：“你请他来，不是做财务经理的吗？”

“是啊！”

“他做主管财务的经理，你当老板还需要对财务支出情况签字，那么，财务这一块儿到底是你这个老板负责，还是他这个财务经理负责？”

“当然是他负责。”对方回答得很快。

我又随之问道：“现金进来、出去，他一个字都没有签，你怎么找他负责？”

或许这位职业经理人在其他方面的素质很不错，但在思维能力上，他欠缺了最重要的一点：站在“大画面”基础上考虑问题的“老板思维”。老板思维要求撰写制度时从全局考虑，所有的工作都要落实到具体职位，谁担任这一职位，谁便对该职位上需要履行的职责负责。职业经理人将签字权留给老板，其实是一种推卸责任的表现，也是一种保护自我、不敢承担责任的心理使然。

如果你希望自己可以获得更好的职业发展，那么，你就必须设身处地关注组织的“大画面”。这首先需要你以老板思维去考虑问题。

每个人的工作都要服务或者服从于更高层次，个人工作做得再好，若不能与组织目标、老板目标相协调，那你的工作或许并不能给你带来更多的机会。利用老板思维思考自己的工作，除了可以帮助你更好地做好当下的工作，还可以让你有机会成为公司里的杰出人物。

管理者在履行自我管理职责的同时，如何利用老板思维关注“大画面”？这需要我们从管理者与老板思维上的三点核心差别入手。

从关注成果转向关注投资回报率

举个典型的例子，一份计划，站在基层下属的角度上来说，计划是下一步要进行的工作；对管理者而言，计划不仅要有下一步需要进行的工作，同时更要有下一阶段工作有可能产生的成果；站在老板的角度来说，计划则是衡量是否值得投入的标准，若一项计划表明，实施该计划需要投入大量资源，但产出远低于投入，这份计划只有被否定的份。

因此，你应回顾一下自己近期针对自我职责与团队工作所做的计划，看看里面是否包含了具体任务、有可能产生的成果与需要投入的资源。

关注投资回报率的一个直接表现是，在考虑问题与向上级汇报时，少谈理念，多讲标杆，多算账。比如，很多管理培训都会讲到，让上司做选择题而非问答题。事实上，上司真正想要做的是判断题，而透露出利益走向的判断题恰恰是个人老板思维的最大表现。

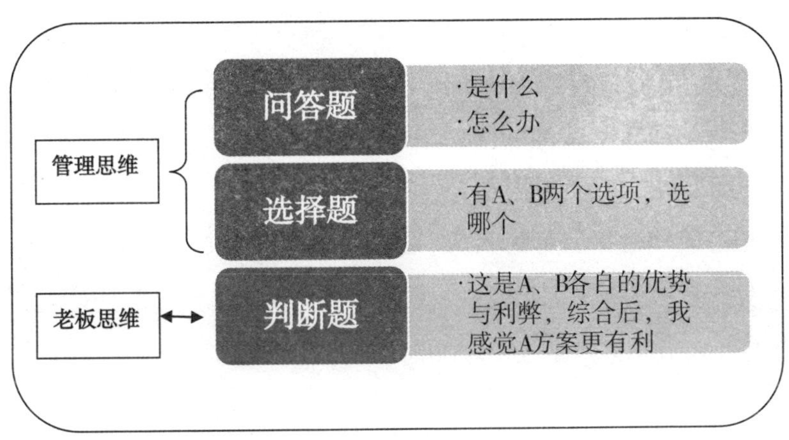

从整合部门到关注全局

很多管理者抱怨自己眼中的好项目无法获得公司的支持，导致项目因缺乏持续资源投入而无法推进。事实上，这种结果与个人工作或部门绩效是否足够优秀关系并不大，老板很可能只是认为你所管理的部门、你所看重的项目不重要罢了。这便涉及管理者与老板的另一思维差别。

不合格的管理者只会关注自身，即是否能胜任眼下的工作，态度是否诚恳，回报是否值得。

合格的管理者只着眼于部门，他们将合适的人放在合适的位置上，没有能力的展开培训，没有动力的进行激励，有能力又有动力的就授权。

老板却盘点全局：该项目部的下属非常努力，部门斗志也很高昂，但这个方向的确没有前途，因此，针对该项目的裁撤还是要展开；下属水平不高，部门氛围懒散，可这一项目在未来潜力极大，因此依然要继续投入资源，逐渐地优化团队与管理。

可以看出，老板在盘点全局时，关注的只有两点：投资回报率与机会成果。

举例来说：给处于其他城市的客户送一份紧急的文件。

不合格的管理者可能只会考虑工具与计划：是直接送快还是快递更快，如果是直接送，那么应如何计划好各个交通工具之间的衔接才能做到高效。虽然这种思维也是以“做到最好”为目的的，但终归让自己落在了“自我”层面上。

合格的管理者则会考虑人员与具体的成果：派谁去才能做到使命必达？另外，虽然任务紧急，但成本也很重要，面对一份一份只对客户了解信息有帮助却并不能产生直接效益的文件，总不能为了它大费周章。

老板却会考虑流程与外包：为什么这份文件这么紧急？是异常失误还是正常的需求？若是异常失误，奖惩是否跟得上？制度是否需要修正？若是正常需求，可否与某物流公司长期合作，直接外包给专业人士？

从规避风险到挑战收益

很多管理者在做事时秉承的是“不求有功，但求无过”的“和尚撞钟”式做法，他们只求尽可能地规避风险，而非如何站在自我职位上不断地挑战，将利益最大化。

这与管理者和老板的激励机制相关：从本质上来说，身为被雇用者，管理者通过工作获得收入；而身为经营者的老板则通过创新来获得、扩大利润。

管理者规避风险	老板追求利益
·追求稳定 ·谈数据，讲概率 ·停下来计划	·寻求突破 ·看机会，敢下注 ·走出去试错

激励机制的不同直接决定了管理者在职业生涯中会尽量规避风险，他们所思考的是“如果不这样做，就会造成多少损失”。相比之下，老板追求的是收益，“即便有这些风险，依然要大胆试一试”。

如何实现从管理者思维转变为老板思维，尝试着使自己关注“大画面”？管理大师彼得·德鲁克曾立足于组织整体管理提出“组织五问”，在我看来，在培养“大画面”时，管理者也可以利用这五问，实现老板思维的培养与深化。

1 组织的使命是什么？

2 组织的客户是谁？

3 组织的客户重视什么？

4 组织追求的成果是什么？

5 组织的计划是什么？

“组织五问”看似简单又普通，却直指事务的核心，迫使你真正地关注组织利益的“大画面”。

当你站在老板的角度去探索问题的本质时，你更能理解老板思维是什么。在此基础上，你也将为自己和部门争取到更多的资源，做出上司期望的效果。

6. 合作性创新，挖掘自我与团队的无限潜力

在当下这个充满竞争的时代，不管是管理者还是组织，都需要不断创新。只有创新，才能在激烈的竞争中立于不败之地。可以说，创新是带有氧气的新鲜血液，更是组织焕发新生命的源泉。对于管理者而言，你拥有创新意识并懂得利用它来挖掘自我与团队潜力，你便能够带领团队看到更出色的画面。

不过，当你提出创新的想法时，你很可能在组织内并不能得到赞同。有关这一点，我们可以从美国消费者电器零售商领袖百思买副总裁杰弗里 · 塞佛兹那里得到一些启示。

2004 年，塞佛兹被任命为百思买的营销副总裁。在这一位置之上的管理者与组织每个月的月盈利息息相关：只有在组织盈利超过预期时，他才是功臣，否则便会成为众矢之的。这是一个肩负重任且困境重重的职务。对于塞佛兹和他的团队来说，各种内部的舆论压力令他们非常不安，人们常常会归罪于他们——“是现在的广告出了问题，还是市场部的错”。

有没有一种方法可以更好地预测未来的销售情况，并展开广告定点投放呢？毕竟百思买有如此多的数据资源。

不过，塞佛兹从公司内部并没有得到多少支持。“就如同公司里所有

的人都阻止我去创新一样，没有人选择与我站在一起共进退。可以说，我这辈子从来没有听到过这么多的‘不行’。”

大部分创新者都有过与塞佛兹一样的遭遇，否定是导致创新不断受挫的、唯一一个巨大的障碍。普通人会认为，在公司里创新并不是难事，因为客户与管理层都喜欢改变。实际上并非如此，在大公司内部会有许多人不断地阻止你：从提出新点子到更新公司产品、进程或服务，接连不断地遭遇反驳、否定无疑会令人感觉精疲力竭且备受挫折，正如塞佛兹所遭遇的一样。

这种反对其实是一种必然：创新本身就不是一件容易的事情，而创新显而易见总是带来资金上的消耗、人员上的变动甚至削减，有时候甚至会导致某些团队的“蛋糕”被动。这些事实显示了你的创新意识极有可能遭遇阻碍。

如果不信，那么你可以尝试着将自己想到的绝妙的创新想法告诉自己的同事、上司、老板甚至下属……你能得到的回答多半不外乎是否定的内容。

创意想法被打击时的说法

- 不可以，我们一直都是这样做的。
- 不行，我们的客户一定不喜欢这样的改动。
- 别想了，这根本不可能。
- 不可能，这不符合常规/逻辑。
- 算了，我们没有足够的预算。
- 没有用，你想得再好，管理层也不会同意你的想法。
- 绝对不行，这样做风险太大了。

不过，随着对组织结构与团队工作方式的不断深入了解，塞佛兹找到了一些能够将挫折转化为正面力量的方法。

停止对抗

不管你是在一家公司内部创新，还是在一支团队内创新，他们都如同一个牧群，会以最慢的那个为基准前行。若他们拖了后腿，创新便无从谈起，因为最慢的人决定了公司的步调。当你与他们发生冲突时，他们也会还击，那么，整个团队都会停止前进。因此，你必须明白，并不是每个人都是创新者，或者拥有创新思维。

选择恰当的时机

革新往往发生在强大的需求之后——这也正是人们总说"需求是发明之母"的原因。我们知道，变革往往发生在紧要关头。作为创新者，你最重要的职责便是让整个公司意识到是时候去创新了。你一开始得接受你的上司、同事害怕创新的事实。他们唯有获得了新的认知，才会改变保守的态度。

所以，一种非常有效的办法是，让你的上司、同事甚至整个公司管理层与决策者充分地意识到，现在的市场正在发生快速的变革：新的技术、新的需求、新的对手，甚至新的法规等。不断地让他们去面对这种变革，直到他们真正地了解创新的紧迫性，并愿意将改变放在首位。

塞佛兹找到的最好时机就是在百思买再次遭遇销量"滑铁卢"时，他带领团队展开了对客户购买预测系统的测试。

最小化你的政治风险

塞佛兹在进行预测创新过程中所遭遇的最大反对力量就是百思买内部

最有威望的零售商预测专家。因为一旦塞佛兹的预测成功，这些专家意识到自己的专业能力将被狠狠地冒犯了。为了使自己遭遇的阻力最小化，他巧妙地利用两次小规模的内部试验，避免自己成为这些专家攻击的对象。

如果你与塞佛兹一样，在组织内遭遇了反对你创新的重要力量，那么，你必须尽量避免。你不是高层决策人物，也没有担任某位董事的父亲，那你在发起任何影响到组织与团队收益的管理创新前都必须三思。

像塞佛兹一样低调的做法起码可以给你带来两大好处：首先，最小化了政治风险，保障了你的职业生涯；其次，在你展开下一次范围更广的管理创新试验前，你将有机会重新思考设计试验。

与他人合作

你或许喜欢独自创新，但是，正如我们前面所说的那样，最保守的同事决定了公司的步调。不要总是抱怨他们在拖你的后腿，而是要积极地邀请他们加入你的创新团队，使他们成为帮助你创新的一股力量。

通过改变他们对创新的看法，可以让他们更积极地支持你。如果你想要在创新的过程中得到他人的支持，那么，你从一开始便要与他们共同工作。

作为营销部副主席，塞佛兹负责管理百思买 10 亿美元的礼物卡业务。因此，他监督着一支小团队预测每月礼物卡的销售额。这些条件使礼物卡预测成为塞佛兹进行数据创新管理试验的最佳选择。

在试验过程中，礼物卡团队的成员非常怀疑那些对礼物卡业务不熟悉的人是否能做出准确的预测。最终，塞佛兹说服了他来参与这一项目。在试验实践阶段，他向百思买内部的数百名雇员发出了邮件，邀请他们对百思买礼物卡业务下月的销售额进行估计并递交数据。为了调动这些雇员的参与积极性，他甚至设立了小小的奖励——预测值最准确的员工可以获得价值 50 美元的礼物卡。

在一个月后，塞佛兹最终证明，通过集体力量展开销量数据的预测远比个体部门展开的预测更准确。

为其他人指明道路

在利用创新解决问题时，你可能想要尝试不同的方向。那么，究竟哪条路行得通？当你不得不停止前进的步伐，为的仅仅是等其他人迈出艰难的第一步时，就如同穿过雪后的山地，处处都有可能隐藏着危机。

你是倡导创新的那个人，因此，你要利用清晰的路线来带领他人、为他人指明方向。只有当人们知道前路安全的时候，他们才会勇敢地前进。

当塞佛兹的预测证实内部原本的预测团队有多么失败后，塞佛兹所率领的团队出现了明显的沮丧情绪。此时，为了挽救这一危险，他告诉团队成员，他深信，作为个体，他们比其他人都要出色，但作为一个集体，从数量上讲，其他人拥有更多的数据和信息做出判断。接下来他又答应开展一项额外的试验来重新对抗百思买其他专家，并保证“这绝不会危害到我们自己”。

在拥有全新想法后，回归商业化的本质

有一个创新性的想法固然很好，但这仅仅是第一步。公司管理层需要看到的是因为创新而带来的业绩增长与新业务扩展。这也是上司支持创新的关键原因：唯有他们看到点子里的商业价值而不仅仅是一个新点子时，他们才会对点子首肯。

值得一提的是，你能够使用商业化且颇具说服力的方式来解释自己的新产品、新服务或者新的商业模式如何能够、为什么能够对整个组织有益时，它们被接受的可能性会更大。

塞佛兹的做法是直接将这些成果展示给管理层：许多高层都非常兴奋，因为他们因此而有机会获得百思买内部超过10万名合作者共同构成的智慧库的各种资源，由此展开的数据预测将对他们的工作极有好处。

塞佛兹因这次创新得到的好处是有目共睹的：他因此向百思买董事会展示了自己杰出的能力，并由销售部副主席晋升为集团副总裁。可以说，他由此迈向了职业发展的另一个新起点与高平台。你的个人潜力与管理能力也同他一样，可以通过合作性创新来展现。

所以，有关塞佛兹的工作经验，身为管理者的你其实可以积极地借鉴。如果你真的想通过创新挖掘自我与团队的发展潜力，那么，你就必须懂得如何展开合作性创新，将团队内的其他人拉入自己的创意设想中来，使他们变成创意的推力，而不是阻力。毕竟，与坚持特立独行导致创新无法实行相比，以退让的方式让创意拥有更多实践的可能性更有意义。

7．与下属共建成长愿景

在研究管理者精进的相关内容时，我曾经与自己的团队做了这样一项调查：询问我们所服务的客户团队成员，他们最需要自己的管理者做什么。

70%以上的人回答，希望管理者可以指出明确的目标或者前进的方向，让他们看到与未来相关的内容。而询问团队管理者“最需要团队成员做什么”时，几乎80%的管理者回答，希望团队成员朝着愿景前进。

从这里可以看出愿景在团队管理过程中的重要性：不管是管理者还是下属，都关心愿景。这就如同美国管理学家赫伯特·西蒙所说的那样，“没有行动的远见只是一种梦想，没有远见的行动只是一种苦役，只有远见与行动结果，才是管理者与团队成功的希望”。

不过，我们所遭遇过的管理团队往往会陷入下述困境之中。

我们的一位客户——国内某大型零售商，常常为其设定的美好愿景自豪，这些以远大目标的形式出现的愿景包括公司收入的翻倍增长、成长为全国最受欢迎的品牌、成为业内最可持续发展的零售商。

我们针对该公司内部员工所展开的调查也显示，这些远大目标得到了员工热情洋溢的赞美。大家的评价都类似这样：“这样的目标非常棒，它们简单明了，可以让我们很快接受。”“每个人都知道我们的目标，接下来我们就只需要朝着它们努力了。”

不过，同样是这项调查，在提及员工需要怎样做才能达成这些愿景时，结果却显示，员工感受到了一种受挫感。一位部门经理遗憾地发现：“这一次的调查所显示的很多结果都让我震惊，我的下属对他们需要做什么知道得太少了。”另一位部门经理则指出：“大家都理解这些愿景，但就是不知道如何参与到其建设过程中来。”

下属不知道如何参与到团队乃至组织的愿景中去——这绝非某一家公司才会出现的窘境。事实上，在国内很多公司里，管理者都不知道或者未曾将到达愿景的原因、方法与必行性告知下属。

身为管理者，你应该很清楚，组织与团队的愿景是否能够实现是你获得晋升和更大发展空间的关键前提。这就意味着，你必须将那些愿景的实质内容明确表达，并传送给你的下属，以帮助下属以一种更实际可行的方式实现它。

怎样达成这一目的？这便涉及如何将下属引入愿景之中的话题。

对团队情况展开摸底

对团队情况展开摸底就是向下属咨询，询问他们对团队整体目标的意见。

这非常重要，一方面，它可以让下属真正地参与愿景的建设，使他们感觉到愿景与自我工作的联系；另一方面，它也可以获取下属对愿景的认识，即：

☞ 大家都在职责范围内从事达到愿景所需要做的事情，可以为组织做出相应的贡献。

☞ 在未来，各自需要重点关注哪些事情。

☞ 下属在实现愿景的过程中可以从团队 / 组织中得到什么。

☞ 在愿景达成的过程中，团队成员的个人特长是否能够得到有效发挥。

通过进行上述内容的询问，管理者可以广泛地获取下属对愿景的看法、意见与建议。

对获取的信息进行二次深入加工

在对团队进行摸底、收集到相关信息以后，并不意味着你可以马上立足于这些内容来确立大家的共同目标。相反，你需要就每一位下属提出的各种观点进行盘点，给彼此一个思考的时间与空间：给团队和自己一个机会，在考虑这些观点的同时也可以有效缓解因匆忙决定而带来的不利影响。

这一步骤正是为了实践那句管理名言而展开的：“做正确的事情，远比正确地做事更重要。”

与团队成员进行目标的表述

树立大家的共同目标与其他目标一样需要满足 SMART 原则，你可以重述一遍我们之前所强调的 SMART 原则的内容：目标必须具体、可衡量、可达成，同时还要与其他目标有相关性，更要有截止期限的限制。

与下属进行目标讨论，是将愿景转变成目标的必要途径：它是一个良好的起点，以下属的参与来形成最终的目标实现计划，并在该计划中获得下属对目标的承诺。

这一步并不容易，有时候还往往伴随着争吵，但这一步绝不能以你个人的“长官意识”省去。因此，你应积极地借鉴一定的方法与技巧。此时，头脑风暴法便是不错的选择。它可以确保成员的所有观点都能够阐述出来，同时还可以找出不同意见的共同之处，进而辨识出隐藏于争议背后的合理性建议，从而达成大家的共同目标与个人目标之间实现共享的双赢局面。

确定大家的共同目标

通过对团队的摸底与讨论，你需要修改大家对共同愿景的表述，表述内容需要以能够反映团队的目标责任感为基础。

虽然你很难让所有的下属都同意对愿景的具体表述，但求同存异地形成一个所有下属都认可、可接受的目标是非常重要的，这样才能够获得下属对愿景的真实承诺，进而实现以愿景促进团队成长、用团队力量实现愿景的双向作用。

树立里程碑式目标

由于团队在运作过程中难免会遇到一些障碍，比如，组织大环境对团队实践愿景分解后的目标信心不足，或者团队内的个别成员对大家共同的目标信心不足等。因此，在确定大家的共同目标以后，身为管理者，你应再对大家的共同目标进行阶段性的分解，并树立起一些过程中的里程碑式目标。

比如，如果组织设定的年度愿景是实现“公司收入的翻倍增长”，那么，你所率领的销售团队接到的任务是今年完成 1000 万元的销售额。在此基础上，你可以与团队成员确定每一季度完成 250 万元的共同目标，而这一数字其实也是一个里程碑式目标。这意味着，你们在共同努力下达成了本季度的销售额，如果持续努力，便有望在未来超越预定的总销售额。

当你将组织、团队愿景具体化成共同目标，并与下属对该共同目标达成一致，获得下属的承诺后，你会发现，在不需要命令与监督的情况下，下属会自觉地使用自我执行力去行动，这种自觉与积极不仅会让你们的共同目标得以快速实现，同时也在铺就你的成功之路。